Ward 1

MW00413297

Bilingual Edition
English-Russian

Anton Chekhov

Ward No. 6

I

In the hospital yard there stands a small lodge surrounded by a perfect forest of burdocks, nettles, and wild hemp. Its roof is rusty, the chimney is tumbling down, the steps at the front-door are rotting away and overgrown with grass, and there are only traces left of the stucco. The front of the lodge faces the hospital; at the back it looks out into the open country, from which it is separated by the grey hospital fence with nails on it. These nails, with their points upwards, and the fence, and the lodge itself, have that peculiar, desolate, God-forsaken look which is only found in our hospital and prison buildings.

If you are not afraid of being stung by the nettles, come by the narrow footpath that leads to the lodge, and let us see what is going on inside. Opening the first door, we walk into the entry. Here along the walls and by the stove every sort of hospital rubbish lies littered about. Mattresses, old tattered dressing-gowns, trousers, blue striped shirts, boots and shoes no good for anything — all these remnants are piled up in heaps, mixed up and crumpled, mouldering and giving out a sickly smell.

Палата №6

I

В больничном дворе стоит небольшой флигель, окруженный целым лесом репейника, крапивы и дикой конопли. Крыша на нем ржавая, труба наполовину обвалилась, ступеньки у крыльца сгнили и поросли травой, а от штукатурки остались одни только следы. Передним фасадом обращен он к больнице, задним — глядит в поле, от которого отделяет его серый больничный забор с гвоздями. Эти гвозди, обращенные остриями кверху, и забор, и самый флигель имеют тот особый унылый, окаянный вид, какой у нас бывает только у больничных и тюремных построек.

Если вы не боитесь ожечься о крапиву, то пойдемте по узкой тропинке, ведущей к флигелю, и посмотрим, что делается внутри. Отворив первую дверь, мы входим в сени. Здесь у стен и около печки навалены целые горы больничного хлама. Матрацы, старые изодранные халаты, панталоны, рубахи с синими полосками, никуда не годная, истасканная обувь — вся эта рвань свалена в кучи, перемята, спуталась, гниет и издает удушливый запах.

The porter, Nikita, an old soldier wearing rusty good-conduct stripes, is always lying on the litter with a pipe between his teeth. He has a grim, surly, battered-looking face, overhanging eyebrows which give him the expression of a sheep-dog of the steppes, and a red nose; he is short and looks thin and scraggy, but he is of imposing deportment and his fists are vigorous. He belongs to the class of simple-hearted, practical, and dull-witted people, prompt in carrying out orders, who like discipline better than anything in the world, and so are convinced that it is their duty to beat people. He showers blows on the face, on the chest, on the back, on whatever comes first, and is convinced that there would be no order in the place if he did not.

Next you come into a big, spacious room which fills up the whole lodge except for the entry. Here the walls are painted a dirty blue, the ceiling is as sooty as in a hut without a chimney — it is evident that in the winter the stove smokes and the room is full of fumes. The windows are disfigured by iron gratings on the inside. The wooden floor is grey and full of splinters. There is a stench of sour cabbage, of smouldering wicks, of bugs, and of ammonia, and for the first minute this stench gives you the impression of having walked into a menagerie.

На хламе всегда с трубкой в зубах лежит сторож Никита, старый отставной солдат с порыжелыми нашивками. У него суровое, испитое лицо, нависшие брови, придающие лицу выражение степной овчарки, и красный нос; он невысок ростом, на вид сухощав и жилист, но осанка у него внушительная и кулаки здоровенные. Принадлежит он к числу тех простодушных, положительных, исполнительных и тупых людей, которые больше всего на свете любят порядок и потому убеждены, что их надо бить. Он бьет по лицу, по груди, по спине, по чем попало, и уверен, что без этого не было бы здесь порядка.

Далее вы входите в большую, просторную комнату, занимающую весь флигель, если не считать сеней. Стены здесь вымазаны грязно-голубою краской, потолок закопчен, как в курной избе, — ясно, что здесь зимой дымят печи и бывает угарно. Окна изнутри обезображены железными решетками. Пол сер и занозист. Воняет кислою капустой, фитильною гарью, клопами и аммиаком, и эта вонь в первую минуту производит на вас такое впечатление, как будто вы входите в зверинец.

There are bedsteads screwed to the floor. Men in blue hospital dressing-gowns, and wearing nightcaps in the old style, are sitting and lying on them. These are the lunatics.

There are five of them in all here. Only one is of the upper class, the rest are all artisans. The one nearest the door — a tall, lean workman with shining red whiskers and tear-stained eyes — sits with his head propped on his hand, staring at the same point. Day and night he grieves, shaking his head, sighing and smiling bitterly. He rarely takes a part in conversation and usually makes no answer to questions; he eats and drinks mechanically when food is offered him. From his agonizing, throbbing cough, his thinness, and the flush on his cheeks, one may judge that he is in the first stage of consumption.

В комнате стоят кровати, привинченные к полу. На них сидят и лежат люди в синих больничных халатах и по-старинному в колпаках. Это — сумасшедшие.

Всех их здесь пять человек. Только один благородного звания, остальные же все мещане. Первый от двери, высокий, худощавый мещанин с рыжими блестящими усами и с заплаканными глазами, сидит, подперев голову, и глядит в одну точку. День и ночь он грустит, покачивая головой, вздыхая и горько улыбаясь; в разговорах он редко принимает участие и на вопросы обыкновенно не отвечает. Ест и пьет он машинально, когда дают. Судя по мучительному, бьющему кашлю, худобе и румянцу на щеках, у него начинается чахотка.

Next to him is a little, alert, very lively old man, with a pointed beard and curly black hair like a negro's. By day he walks up and down the ward from window to window, or sits on his bed, cross-legged like a Turk, and, ceaselessly as a bullfinch whistles, softly sings and titters. He shows his childish gaiety and lively character at night also when he gets up to say his prayers — that is, to beat himself on the chest with his fists, and to scratch with his fingers at the door. This is the Jew Moiseika, an imbecile, who went crazy twenty years ago when his hat factory was burnt down.

За ним следует маленький, живой, очень подвижной старик с острою бородкой и с черными, кудрявыми, как у негра, волосами. Днем он прогуливается по палате от окна к окну или сидит на своей постели, поджав по-турецки ноги, и неугомонно, как снегирь, насвистывает, тихо поет и хихикает. Детскую веселость и живой характер проявляет он и ночью, когда встает затем, чтобы помолиться богу, то есть постучать себя кулаками по груди и поковырять пальцем в дверях. Это жид Мойсейка, дурачок, помешавшийся лет двадцать назад, когда у него сгорела шапочная мастерская.

And of all the inhabitants of Ward No. 6, he is the only one who is allowed to go out of the lodge, and even out of the yard into the street. He has enjoyed this privilege for years, probably because he is an old inhabitant of the hospital — a quiet, harmless imbecile, the buffoon of the town, where people are used to seeing him surrounded by boys and dogs. In his wretched gown, in his absurd night-cap, and in slippers, sometimes with bare legs and even without trousers, he walks about the streets, stopping at the gates and little shops, and begging for a copper. In one place they will give him some kvass, in another some bread, in another a copper, so that he generally goes back to the ward feeling rich and well fed. Everything that he brings back Nikita takes from him for his own benefit. The soldier does this roughly, angrily turning the Jew's pockets inside out, and calling God to witness that he will not let him go into the street again, and that breach of the regulations is worse to him than anything in the world.

Из всех обитателей палаты №6 только ему одному позволяется выходить из флигеля и даже из больничного двора на улицу. Такой привилегией он пользуется издавна, вероятно, как больничный старожил и как тихий, безвредный дурачок, городской шут, которого давно уже привыкли видеть на улицах, окруженным мальчишками и собаками. В халатишке, в смешном колпаке и в туфлях, иногда босиком и даже без панталон, он ходит по улицам, останавливаясь у ворот и лавочек, и просит копеечку. В одном месте дадут ему квасу, в другом — хлеба, в третьем — копеечку, так что возвращается он во флигель обыкновенно сытым и богатым. Все, что он приносит с собой, отбирает у него Никита в свою пользу. Делает это солдат грубо, с сердцем, выворачивая карманы и призывая бога в свидетели, что он никогда уже больше не станет пускать жида на улицу и что беспорядки для него хуже всего на свете.

Moiseika likes to make himself useful. He gives his companions water, and covers them up when they are asleep; he promises each of them to bring him back a kopeck, and to make him a new cap; he feeds with a spoon his neighbour on the left, who is paralyzed. He acts in this way, not from compassion nor from any considerations of a humane kind, but through imitation, unconsciously dominated by Gromov, his neighbour on the right hand.

Ivan Dmitritch Gromov, a man of thirty-three, who is a gentleman by birth, and has been a court usher and provincial secretary, suffers from the mania of persecution. He either lies curled up in bed, or walks from corner to corner as though for exercise; he very rarely sits down. He is always excited, agitated, and overwrought by a sort of vague, undefined expectation. The faintest rustle in the entry or shout in the yard is enough to make him raise his head and begin listening: whether they are coming for him, whether they are looking for him. And at such times his face expresses the utmost uneasiness and repulsion.

Мойсейка любит услуживать. Он подает товарищам еду, укрывает их, когда они спят, обещает каждому принести с улицы по копеечке и сшить по новой шапке; он же кормит с ложки своего соседа с левой стороны, паралитика. Поступает он так не из сострадания и не из каких-либо соображений гуманного свойства, а подражая и невольно подчиняясь своему соседу с правой стороны, Громову.

Иван Дмитрич Громов, мужчина лет тридцати трех, из благородных, бывший судебный пристав и губернский секретарь, страдает манией преследования. Он или лежит на постели, свернувшись калачиком, или же ходит из угла в угол, как бы для моциона, сидит же очень редко. Он всегда возбужден, взволнован и напряжен каким-то смутным, неопределенным ожиданием. Достаточно малейшего шороха в сенях или крика на дворе, чтобы он поднял голову и стал прислушиваться: не за ним ли это идут? Не его ли ищут? И лицо его при этом выражает крайнее беспокойство и отвращение.

I like his broad face with its high cheek-bones, always pale and unhappy, and reflecting, as though in a mirror, a soul tormented by conflict and long-continued terror. His grimaces are strange and abnormal, but the delicate lines traced on his face by profound, genuine suffering show intelligence and sense, and there is a warm and healthy light in his eyes. I like the man himself, courteous, anxious to be of use, and extraordinarily gentle to everyone except Nikita. When anyone drops a button or a spoon, he jumps up from his bed quickly and picks it up; every day he says good-morning to his companions, and when he goes to bed he wishes them good-night.

Мне нравится его широкое, скуластое лицо, всегда бледное и несчастное, отражающее в себе, как в зеркале, замученную борьбой и продолжительным страхом душу. Гримасы его странны и болезненны, но тонкие черты, положенные на его лицо глубоким искренним страданием, разумны и интеллигентны, и в глазах теплый, здоровый блеск. Нравится мне он сам, вежливый, услужливый и необыкновенно деликатный в обращении со всеми, кроме Никиты. Когда кто-нибудь роняет пуговку или ложку, он быстро вскакивает с постели и поднимает. Каждое утро он поздравляет своих товарищей с добрым утром, ложась спать — желает им спокойной ночи.

Besides his continually overwrought condition and his grimaces, his madness shows itself in the following way also. Sometimes in the evenings he wraps himself in his dressing-gown, and, trembling all over, with his teeth chattering, begins walking rapidly from corner to corner and between the bedsteads. It seems as though he is in a violent fever. From the way he suddenly stops and glances at his companions, it can be seen that he is longing to say something very important, but, apparently reflecting that they would not listen, or would not understand him, he shakes his head impatiently and goes on pacing up and down. But soon the desire to speak gets the upper hand of every consideration, and he will let himself go and speak fervently and passionately. His talk is disordered and feverish like delirium, disconnected, and not always intelligible, but, on the other hand, something extremely fine may be felt in it, both in the words and the voice. When he talks you recognize in him the lunatic and the man. It is difficult to reproduce on paper his insane talk. He speaks of the baseness of mankind, of violence trampling on justice, of the glorious life which will one day be upon earth, of the window-gratings, which remind him every minute of the stupidity and cruelty of oppressors. It makes a disorderly, incoherent potpourri of themes old but not yet out of date.

Кроме постоянно напряженного состояния и гримасничанья, сумасшествие его выражается еще в следующем. Иногда по вечерам он запахивается в свой халатик и, дрожа всем телом, стуча зубами, начинает быстро ходить из угла в угол и между кроватей. Похоже на то, как будто у него сильная лихорадка. По тому, как он внезапно останавливается и взглядывает на товарищей, видно, что ему хочется сказать что-то очень важное, но, по-видимому, соображая, что его не будут слушать или не поймут, он нетерпеливо встряхивает головой и продолжает шагать. Но скоро желание говорить берет верх над всякими соображениями, и он дает себе волю и говорит горячо и страстно. Речь его беспорядочна, лихорадочна, как бред, порывиста и не всегда понятна, но зато в ней слышится, и в словах и в голосе, что-то чрезвычайно хорошее. Когда он говорит, вы узнаете в нем сумасшедшего и человека. Трудно передать на бумаге его безумную речь. Говорит он о человеческой подлости, о насилии, попирающем правду, о прекрасной жизни, какая со временем будет на земле, об оконных решетках, напоминающих ему каждую минуту о тупости и жестокости насильников. Получается беспорядочное, нескладное попурри из старых, но еще не допетых песен.

Some twelve or fifteen years ago an official called Gromov, a highly respectable and prosperous person, was living in his own house in the principal street of the town. He had two sons, Sergey and Ivan. When Sergey was a student in his fourth year he was taken ill with galloping consumption and died, and his death was, as it were, the first of a whole series of calamities which suddenly showered on the Gromov family. Within a week of Sergey's funeral the old father was put on trial for fraud and misappropriation, and he died of typhoid in the prison hospital soon afterwards. The house, with all their belongings, was sold by auction, and Ivan Dmitritch and his mother were left entirely without means.

Hitherto in his father's lifetime, Ivan Dmitritch, who was studying in the University of Petersburg, had received an allowance of sixty or seventy roubles a month, and had had no conception of poverty; now he had to make an abrupt change in his life. He had to spend his time from morning to night giving lessons for next to nothing, to work at copying, and with all that to go hungry, as all his earnings were sent to keep his mother. Ivan Dmitritch could not stand such a life; he lost heart and strength, and, giving up the university, went home.

Лет двенадцать-пятнадцать тому назад в городе, на самой главной улице, в собственном доме проживал чиновник Громов, человек солидный и зажиточный. У него было два сына: Сергей и Иван. Будучи уже студентом четвертого курса, Сергей заболел скоротечною чахоткой и умер, и эта смерть как бы послужила началом целого ряда несчастий, которые вдруг посыпались на семью Громовых. Через неделю после похорон Сергея старик отец был отдан под суд за подлоги и растраты и вскоре умер в тюремной больнице от тифа. Дом и вся движимость были проданы с молотка, и Иван Дмитрич с матерью остались без всяких средств.

Прежде, при отце, Иван Дмитрич, проживая в Петербурге, где он учился в университете, получал шестьдесят-семьдесят рублей в месяц и не имел никакого понятия о нужде, теперь же ему пришлось резко изменить свою жизнь. Он должен был от утра до ночи давать грошовые уроки, заниматься перепиской и все-таки голодать, так как весь заработок посылался матери на пропитание. Такой жизни не выдержал Иван Дмитрич; он пал духом, захирел и, бросив университет, уехал домой.

Here, through interest, he obtained the post of teacher in the district school, but could not get on with his colleagues, was not liked by the boys, and soon gave up the post. His mother died. He was for six months without work, living on nothing but bread and water; then he became a court usher. He kept this post until he was dismissed owing to his illness.

Здесь, в городке, он по протекции получил место учителя в уездном училище, но не сошелся с товарищами, не понравился ученикам и скоро бросил место. Умерла мать. Он с полгода ходил без места, питаясь только хлебом и водой, затем поступил в судебные пристава. Эту должность занимал он до тех пор, пока не был уволен по болезни.

He had never even in his young student days given the impression of being perfectly healthy. He had always been pale, thin, and given to catching cold; he ate little and slept badly. A single glass of wine went to his head and made him hysterical. He always had a craving for society, but, owing to his irritable temperament and suspiciousness, he never became very intimate with anyone, and had no friends. He always spoke with contempt of his fellow-townsmen, saying that their coarse ignorance and sleepy animal existence seemed to him loathsome and horrible. He spoke in a loud tenor, with heat, and invariably either with scorn and indignation, or with wonder and enthusiasm, and always with perfect sincerity. Whatever one talked to him about he always brought it round to the same subject: that life was dull and stifling in the town; that the townspeople had no lofty interests, but lived a dingy, meaningless life, diversified by violence, coarse profligacy, and hypocrisy; that scoundrels were well fed and clothed, while honest men lived from hand to mouth; that they needed schools, a progressive local paper, a theatre, public lectures, the co-ordination of the intellectual elements; that society must see its failings and be horrified. In his criticisms of people he laid on the colours thick, using only black and white, and no fine shades; mankind was divided for him into honest men and scoundrels: there was nothing in between. He always spoke with passion and enthusiasm of women and of love, but he had never been in love.

Он никогда, даже в молодые студенческие годы, не производил впечатления здорового. Всегда он был бледен, худ, подвержен простуде, мало ел, дурно спал. От одной рюмки вина у него кружилась голова и делалась истерика. Его всегда тянуло к людям, но благодаря своему раздражительному характеру и мнительности он ни с кем близко не сходился и друзей не имел. О горожанах он всегда отзывался с презрением, говоря, что их грубое невежество и сонная животная жизнь кажутся ему мерзкими и отвратительными. Говорил он тенором, громко, горячо и не иначе, как негодуя и возмущаясь, или с восторгом и удивлением, и всегда искренно. О чем, бывало, ни заговоришь с ним, он все сводит к одному: в городе душно и скучно жить, у общества нет высших интересов, оно ведет тусклую, бессмысленную жизнь, разнообразя ее насилием, грубым развратом и лицемерием; подлецы сыты и одеты, а честные питаются крохами; нужны школы, местная газета с честным направлением, театр, публичные чтения, сплоченность интеллигентных сил; нужно, чтоб общество сознало себя и ужаснулось. В своих суждениях о людях он клал густые краски, только белую и черную, не признавая никаких оттенков; человечество делилось у него на честных и подлецов; середины же не было. О женщинах и любви он всегда говорил страстно, с восторгом, но ни разу не был влюблен.

In spite of the severity of his judgments and his nervousness, he was liked, and behind his back was spoken of affectionately as Vanya. His innate refinement and readiness to be of service, his good breeding, his moral purity, and his shabby coat, his frail appearance and family misfortunes, aroused a kind, warm, sorrowful feeling. Moreover, he was well educated and well read; according to the townspeople's notions, he knew everything, and was in their eyes something like a walking encyclopedia.

He had read a great deal. He would sit at the club, nervously pulling at his beard and looking through the magazines and books; and from his face one could see that he was not reading, but devouring the pages without giving himself time to digest what he read. It must be supposed that reading was one of his morbid habits, as he fell upon anything that came into his hands with equal avidity, even last year's newspapers and calendars. At home he always read lying down.

В городе, несмотря на резкость его суждений и нервность, его любили и за глаза ласково называли Ваней. Его врожденная деликатность, услужливость, порядочность, нравственная чистота и его поношенный сюртучок, болезненный вид и семейные несчастия внушали хорошее, теплое и грустное чувство; к тому же он был хорошо образован и начитан, знал, по мнению горожан, все и был в городе чем-то вроде ходячего справочного словаря.

Читал он очень много. Бывало, все сидит в клубе, нервно теребит бородку и перелистывает журналы и книги; а по лицу его видно, что он не читает, а глотает, едва успев разжевать. Надо думать, что чтение было одною из его болезненных привычек, так как он с одинаковою жадностью набрасывался на все, что попадало ему под руки, даже на прошлогодние газеты и календари. Дома у себя читал он всегда лежа.

III

One autumn morning Ivan Dmitritch, turning up the collar of his greatcoat and splashing through the mud, made his way by side-streets and back lanes to see some artisan, and to collect some payment that was owing. He was in a gloomy mood, as he always was in the morning. In one of the side-streets he was met by two convicts in fetters and four soldiers with rifles in charge of them. Ivan Dmitritch had very often met convicts before, and they had always excited feelings of compassion and discomfort in him; but now this meeting made a peculiar, strange impression on him. It suddenly seemed to him for some reason that he, too, might be put into fetters and led through the mud to prison like that. After visiting the artisan, on the way home he met near the post office a police superintendent of his acquaintance, who greeted him and walked a few paces along the street with him, and for some reason this seemed to him suspicious. At home he could not get the convicts or the soldiers with their rifles out of his head all day, and an unaccountable inward agitation prevented him from reading or concentrating his mind. In the evening he did not light his lamp, and at night he could not sleep, but kept thinking that he might be arrested, put into fetters, and thrown into prison. He did not know of any harm he had done, and could be certain that he would never be guilty of murder, arson, or theft in the future either; but was it not easy to commit a crime by accident, unconsciously, and was not false witness always possible, and, indeed, miscarriage of justice? It was not without good reason that the agelong experience of the simple people teaches that beggary and prison are ills none can be safe from.

III

Однажды осенним утром, подняв воротник своего пальто и шлепая по грязи, по переулкам и задворкам пробирался Иван Дмитрич к какому-то мещанину, чтобы получить но исполнительному листу. Настроение у него было мрачное, как всегда по утрам. В одном из переулков встретились ему два арестанта в кандалах и с ними четыре конвойных с ружьями. Раньше Иван Дмитрич очень часто встречал арестантов, и всякий раз они возбуждали в нем чувства сострадания и неловкости, теперь же эта встреча произвела на него какое-то особенное, странное впечатление. Ему вдруг почему-то показалось, что его тоже могут заковать в кандалы и таким же образом вести по грязи в тюрьму. Побывав у мещанина и возвращаясь к себе домой, он встретил около почты знакомого полицейского надзирателя, который поздоровался и прошел с ним по улице несколько шагов, и почему-то это показалось ему подозрительным. Дома целый день у него не выходили из головы арестанты и солдаты с ружьями, и непонятная душевная тревога мешала ему читать и сосредоточиться. Вечером он не зажигал у себя огня, а ночью не спал и все думал о том, что его могут арестовать, заковать и посадить в тюрьму. Он не знал за собой никакой вины и мог поручиться, что и в будущем никогда на убьет, не подожжет и не украдет; но разве трудно совершить преступление нечаянно, невольно, и разве не возможна клевета, наконец судебная ошибка? Ведь недаром же вековой народный опыт учит от сумы да тюрьмы не зарекаться.

A judicial mistake is very possible as legal proceedings are conducted nowadays, and there is nothing to be wondered at in it. People who have an official, professional relation to other men's sufferings — for instance, judges, police officers, doctors — in course of time, through habit, grow so callous that they cannot, even if they wish it, take any but a formal attitude to their clients; in this respect they are not different from the peasant who slaughters sheep and calves in the back-yard, and does not notice the blood. With this formal, soulless attitude to human personality the judge needs but one thing — time — in order to deprive an innocent man of all rights of property, and to condemn him to penal servitude.

Only the time spent on performing certain formalities for which the judge is paid his salary, and then — it is all over. Then you may look in vain for justice and protection in this dirty, wretched little town a hundred and fifty miles from a railway station! And, indeed, is it not absurd even to think of justice when every kind of violence is accepted by society as a rational and consistent necessity, and every act of mercy — for instance, a verdict of acquittal — calls forth a perfect outburst of dissatisfied and revengeful feeling?

А судебная ошибка при теперешнем судопроизводстве очень возможна, и ничего в ней нет мудреного. Люди, имеющие служебное, деловое отношение к чужому страданию, например судьи, полицейские, врачи, с течением времени, в силу привычки, закаляются до такой степени, что хотели бы, да не могут относиться к своим клиентам иначе, как формально; с этой стороны они ничем не отличаются от мужика, который на задворках режет баранов и телят и не замечает крови. При формальном же, бездушном отношении к личности, для того чтобы невинного человека лишить всех прав состояния и присудить к каторге, судье нужно только одно: время.

Только время на соблюдение кое-каких формальностей, за которые судье платят жалованье, а затем — все кончено. Ищи потом справедливости и защиты в этом маленьком, грязном городишке, за двести верст от железной дороги! Да и не смешно ли помышлять о справедливости, когда всякое насилие встречается обществом, как разумная и целесообразная необходимость, и всякий акт милосердия, например оправдательный приговор, вызывает целый взрыв неудовлетворенного, мстительного чувства?

In the morning Ivan Dmitritch got up from his bed in a state of horror, with cold perspiration on his forehead, completely convinced that he might be arrested any minute. Since his gloomy thoughts of yesterday had haunted him so long, he thought, it must be that there was some truth in them. They could not, indeed, have come into his mind without any grounds whatever.

A policeman walking slowly passed by the windows: that was not for nothing. Here were two men standing still and silent near the house. Why were they silent?

Утром Иван Дмитрич поднялся с постели в ужасе, с холодным потом на лбу, совсем уже уверенный, что его могут арестовать каждую минуту. Если вчерашние тяжелые мысли так долго не оставляют его, думал он, то, значит, в них есть доля правды. Не могли же они в самом деле прийти в голову безо всякого повода.

Городовой не спеша прошел мимо окон: это недаром. Вот два человека остановились около дома и молчат. Почему они молчат?

And agonizing days and nights followed for Ivan Dmitritch. Everyone who passed by the windows or came into the yard seemed to him a spy or a detective. At midday the chief of the police usually drove down the street with a pair of horses; he was going from his estate near the town to the police department; but Ivan Dmitritch fancied every time that he was driving especially quickly, and that he had a peculiar expression: it was evident that he was in haste to announce that there was a very important criminal in the town. Ivan Dmitritch started at every ring at the bell and knock at the gate, and was agitated whenever he came upon anyone new at his landlady's; when he met police officers and gendarmes he smiled and began whistling so as to seem unconcerned. He could not sleep for whole nights in succession expecting to be arrested, but he snored loudly and sighed as though in deep sleep, that his landlady might think he was asleep; for if he could not sleep it meant that he was tormented by the stings of conscience — what a piece of evidence! Facts and common sense persuaded him that all these terrors were nonsense and morbidity, that if one looked at the matter more broadly there was nothing really terrible in arrest and imprisonment — so long as the conscience is at ease; but the more sensibly and logically he reasoned, the more acute and agonizing his mental distress became. It might be compared with the story of a hermit who tried to cut a dwelling-place for himself in a virgin forest; the more zealously he worked with his axe, the thicker the forest grew. In the end Ivan Dmitritch, seeing it was useless, gave up reasoning altogether, and abandoned himself entirely to despair and terror.

И для Ивана Дмитрича наступили мучительные дни и ночи. Все проходившие мимо окон и входившие во двор казались шпионами и сыщиками. В полдень обыкновенно исправник проезжал на паре по улице; это он ехал из своего подгородного имения в полицейское правление, но Ивану Дмитричу казалось каждый раз, что он едет слишком быстро и с каким-то особенным выражением: очевидно, опешит объявить, что в городе проявился очень важный преступник. Иван Дмитрич вздрагивал при всяком звонке и стуке в ворота, томился, когда встречал у хозяйки нового человека; при встрече с полицейскими и жандармами улыбался и насвистывал, чтобы казаться равнодушным. Он не спал все ночи напролет, ожидая ареста, но громко храпел и вздыхал, как сонный, чтобы хозяйке казалось, что он спит; ведь если не спит, то значит, его мучают угрызения совести — какая улика! Факты и здравая логика убеждали его, что все эти страхи — вздор и психопатия, что в аресте и тюрьме, если взглянуть на дело пошире, в сущности, нет ничего страшного — была бы совесть спокойна; но чем умнее и логичнее он рассуждал, тем сильнее и мучительнее становилась душевная тревога. Это было похоже на то, как один пустынник хотел вырубить себе местечко в девственном лесу; чем усерднее он работал топором, тем гуще и сильнее разрастался лес. Иван Дмитрич в конце концов, видя, что это бесполезно, совсем бросил рассуждать и весь отдался отчаянию и страху.

He began to avoid people and to seek solitude. His official work had been distasteful to him before: now it became unbearable to him. He was afraid they would somehow get him into trouble, would put a bribe in his pocket unnoticed and then denounce him, or that he would accidentally make a mistake in official papers that would appear to be fraudulent, or would lose other people's money. It is strange that his imagination had never at other times been so agile and inventive as now, when every day he thought of thousands of different reasons for being seriously anxious over his freedom and honour; but, on the other hand, his interest in the outer world, in books in particular, grew sensibly fainter, and his memory began to fail him.

Он стал уединяться и избегать людей. Служба и раньше была ему противна, теперь же она стала для него невыносима. Он боялся, что его как-нибудь подведут, положат ему незаметно в карман взятку и потом уличат, или он сам нечаянно сделает в казенных бумагах ошибку, равносильную подлогу, или потеряет чужие деньги. Странно, что никогда в другое время мысль его не была так гибка и изобретательна, как теперь, когда он каждый день выдумывал тысячи разнообразных поводов к тому, чтобы серьезно опасаться за свою свободу и честь. Но зато значительно ослабел интерес к внешнему миру, в частности к книгам, и стала сильно изменять память.

In the spring when the snow melted there were found in the ravine near the cemetery two half-decomposed corpses — the bodies of an old woman and a boy bearing the traces of death by violence. Nothing was talked of but these bodies and their unknown murderers. That people might not think he had been guilty of the crime, Ivan Dmitritch walked about the streets, smiling, and when he met acquaintances he turned pale, flushed, and began declaring that there was no greater crime than the murder of the weak and defenceless. But this duplicity soon exhausted him, and after some reflection he decided that in his position the best thing to do was to hide in his landlady's cellar. He sat in the cellar all day and then all night, then another day, was fearfully cold, and waiting till dusk, stole secretly like a thief back to his room. He stood in the middle of the room till daybreak, listening without stirring. Very early in the morning, before sunrise, some stove makers came into the house. Ivan Dmitritch knew perfectly well that they had come to mend the stove in the kitchen, but terror told him that they were police officers disguised as workmen. He slipped stealthily out of the flat, and, overcome by terror, ran along the street without his cap and coat. Dogs raced after him barking, a peasant shouted somewhere behind him, the wind whistled in his ears, and it seemed to Ivan Dmitritch that the force and violence of the whole world was massed together behind his back and was chasing after him.

Весной, когда сошел снег, в овраге около кладбища нашли два полусгнившие трупа — старухи и мальчика, с признаками насильственной смерти. В городе только и разговора было, что об этих трупах и неизвестных убийцах. Иван Дмитрич, чтобы не подумали, что это он убил, ходил по улицам и улыбался, а при встрече со знакомыми бледнел, краснел и начинал уверять, что нет подлее преступления, как убийство слабых и беззащитных. Но эта ложь скоро утомила его, и, после некоторого размышления, он решил, что в его положении самое лучшее — это спрятаться в хозяйкин погреб. В погребе просидел он день, потом ночь и другой день, сильно озяб и, дождавшись потемок, тайком, как вор, пробрался к себе в комнату. До рассвета простоял он среди комнаты, не шевелясь и прислушиваясь. Рано утром до восхода солнца к хозяйке пришли печники. Иван Дмитрич хорошо знал, что они пришли затем, чтобы перекладывать в кухне печь, но страх подсказал ему, что это полицейские, переодетые печниками. Он потихоньку вышел из квартиры и, охваченный ужасом, без шапки и сюртука, побежал по улице. За ним с лаем гнались собаки, кричал где-то позади мужик, в ушах свистел воздух, и Ивану Дмитричу казалось, что насилие всего мира скопилось за его спиной и гонится за ним.

He was stopped and brought home, and his landlady was sent for a doctor. Doctor Andrey Yefimitch, of whom we shall have more to say hereafter, prescribed cold compresses on his head and laurel drops, shook his head, and went away, telling the landlady he should not come again, as one should not interfere with people who are going out of their minds. As he had not the means to live at home and be nursed, Ivan Dmitritch was soon sent to the hospital, and was there put into the ward for venereal patients. He could not sleep at night, was full of whims and fancies, and disturbed the patients, and was soon afterwards, by Andrey Yefimitch's orders, transferred to Ward No. 6.

Within a year Ivan Dmitritch was completely forgotten in the town, and his books, heaped up by his landlady in a sledge in the shed, were pulled to pieces by boys.

IV

Ivan Dmitritch's neighbour on the left hand is, as I have said already, the Jew Moiseika; his neighbour on the right hand is a peasant so rolling in fat that he is almost spherical, with a blankly stupid face, utterly devoid of thought. This is a motionless, gluttonous, unclean animal who has long ago lost all powers of thought or feeling. An acrid, stifling stench always comes from him.

Его задержали, привели домой и послали хозяйку за доктором. Доктор Андрей Ефимыч, о котором речь впереди, прописал холодные примочки на голову и лавровишневые капли, грустно покачал головой и ушел, сказав хозяйке, что уж больше он но придет, потому что не следует мешать людям сходить с ума. Так как дома не на что было жить и лечиться, то скоро Ивана Дмитрича отправили в больницу и положили его там в палате для венерических больных. Он не спал по ночам, капризничал и беспокоил больных и скоро, по распоряжению Андрея Ефимыча, был переведен в палату N 6.

Через год в городе уже совершенно забыли про Ивана Дмитрича, и книги его, сваленные хозяйкой в сани под навесом, были растасканы мальчишками.

IV

Сосед с левой стороны у Ивана Дмитрича, как я уже сказал, жид Мойсейка, сосед же с правой — оплывший жиром, почти круглый мужик с тупым, совершенно бессмысленным лицом. Это — неподвижное, обжорливое и нечистоплотное животное, давно уже потерявшее способность мыслить и чувствовать. От него постоянно идет острый, удушливый смрад.

Nikita, who has to clean up after him, beats him terribly with all his might, not sparing his fists; and what is dreadful is not his being beaten — that one can get used to — but the fact that this stupefied creature does not respond to the blows with a sound or a movement, nor by a look in the eyes, but only sways a little like a heavy barrel.

The fifth and last inhabitant of Ward No. 6 is a man of the artisan class who had once been a sorter in the post office, a thinnish, fair little man with a good-natured but rather sly face. To judge from the clear, cheerful look in his calm and intelligent eyes, he has some pleasant idea in his mind, and has some very important and agreeable secret. He has under his pillow and under his mattress something that he never shows anyone, not from fear of its being taken from him and stolen, but from modesty. Sometimes he goes to the window, and turning his back to his companions, puts something on his breast, and bending his head, looks at it; if you go up to him at such a moment, he is overcome with confusion and snatches something off his breast. But it is not difficult to guess his secret.

Никита, убирающий за ним, бьет его страшно, со всего размаха, не щадя своих кулаков; и страшно тут не то, что его бьют, — к этому можно привыкнуть, — а то, что это отупевшее животное не отвечает на побои ни звуком, ни движением, ни выражением глаз, а только слегка покачивается, как тяжелая бочка.

Пятый и последний обитатель палаты N 6 — мещанин, служивший когда-то сортировщиком на почте, маленький худощавый блондин с добрым, но несколько лукавым лицом. Судя по умным, покойным глазам, смотрящим ясно и весело, он себе на уме и имеет какую-то очень важную и приятную тайну. У него есть под подушкой и под матрацем что-то такое, чего он никому не показывает, но не из страха, что могут отнять или украсть, а из стыдливости. Иногда он подходит к окну и, обернувшись к товарищам спиной, надевает себе что-то на грудь и смотрит, загнув голову; если в это время подойти к нему, то он конфузится и сорвет что-то с груди. Но тайну его угадать нетрудно.

"Congratulate me," he often says to Ivan Dmitritch; "I have been presented with the Stanislav order of the second degree with the star. The second degree with the star is only given to foreigners, but for some reason they want to make an exception for me," he says with a smile, shrugging his shoulders in perplexity. "That I must confess I did not expect."

"I don't understand anything about that," Ivan Dmitritch replies morosely.

"But do you know what I shall attain to sooner or later?" the former sorter persists, screwing up his eyes slyly. "I shall certainly get the Swedish 'Polar Star.' That's an order it is worth working for, a white cross with a black ribbon. It's very beautiful."

— Поздравьте меня, — говорит он часто Ивану Дмитричу, — я представлен к Станиславу второй степени со звездой. Вторую степень со звездой дают только иностранцам, но для меня почему-то хотят сделать исключение, — улыбается он, в недоумении пожимая плечами. — Вот уж, признаться, не ожидал!

— Я в этом ничего не понимаю, — угрюмо заявляет Иван Дмитрич.

— Но знаете, чего я рано или поздно добьюсь? — продолжает бывший сортировщик, лукаво щуря глаза. — Я непременно получу шведскую "Полярную звезду". Орден такой, что стоит похлопотать. Белый крест и черная лента. Это очень красиво.

Probably in no other place is life so monotonous as in this ward. In the morning the patients, except the paralytic and the fat peasant, wash in the entry at a big tab and wipe themselves with the skirts of their dressing-gowns; after that they drink tea out of tin mugs which Nikita brings them out of the main building. Everyone is allowed one mugful. At midday they have soup made out of sour cabbage and boiled grain, in the evening their supper consists of grain left from dinner. In the intervals they lie down, sleep, look out of window, and walk from one corner to the other. And so every day. Even the former sorter always talks of the same orders.

Fresh faces are rarely seen in Ward No. 6. The doctor has not taken in any new mental cases for a long time, and the people who are fond of visiting lunatic asylums are few in this world. Once every two months Semyon Lazaritch, the barber, appears in the ward. How he cuts the patients' hair, and how Nikita helps him to do it, and what a trepidation the lunatics are always thrown into by the arrival of the drunken, smiling barber, we will not describe.

No one even looks into the ward except the barber. The patients are condemned to see day after day no one but Nikita.

Вероятно, нигде в другом месте так жизнь не однообразна, как во флигеле. Утром больные, кроме паралитика и толстого мужика, умываются в сенях из большого ушата и утираются фалдами халатов; после этого пьют из оловянных кружек чай, который приносит из главного корпуса Никита. Каждому полагается по одной кружке. В полдень едят щи из кислой капусты и кашу, вечером ужинают кашей, оставшейся от обеда. В промежутках лежат, спят, глядят в окна и ходят из угла в угол. И так каждый день. Даже бывший сортировщик говорит все об одних и тех же орденах.

Свежих людей редко видят в палате N 6. Новых помешанных доктор давно уже не принимает, а любителей посещать сумасшедшие дома немного на этом свете. Раз с два месяца бывает во флигеле Семен Лазарич, цирюльник. Как он стрижет сумасшедших и как Никита помогает ему делать это и в какое смятение приходят больные всякий раз при появлении пьяного улыбающегося цирюльника, мы говорить не будем.

Кроме цирюльника, никто не заглядывает во флигель. Больные осуждены видеть изо дня в день одного только Никиту.

A rather strange rumour has, however, been circulating in the hospital of late.

It is rumoured that the doctor has begun to visit Ward No. 6.

V

A strange rumour!

Dr. Andrey Yefimitch Ragin is a strange man in his way. They say that when he was young he was very religious, and prepared himself for a clerical career, and that when he had finished his studies at the high school in 1863 he intended to enter a theological academy, but that his father, a surgeon and doctor of medicine, jeered at him and declared point-blank that he would disown him if he became a priest. How far this is true I don't know, but Andrey Yefimitch himself has more than once confessed that he has never had a natural bent for medicine or science in general.

However that may have been, when he finished his studies in the medical faculty he did not enter the priesthood. He showed no special devoutness, and was no more like a priest at the beginning of his medical career than he is now.

Впрочем, недавно по больничному корпусу разнесся довольно странный слух.

Распустили слух, что палату N 6 будто бы стал посещать доктор.

V

Странный слух!

Доктор Андрей Ефимыч Рагин — замечательный человек в своем роде. Говорят, что в ранней молодости он был очень набожен и готовил себя к духовной карьере и что, кончив в 1863 году курс в гимназии, он намеревался поступить в духовную академию, но будто бы его отец, доктор медицины и хирург, едко посмеялся над ним и заявил категорически, что не будет считать его своим сыном, если он пойдет в попы. Насколько это верно — не знаю, но сам Андрей Ефимыч не раз признавался, что он никогда не чувствовал призвания к медицине и вообще к специальным наукам.

Как бы то ни было, кончив курс по медицинскому факультету, он в священники не постригся. Набожности он не проявлял и на духовную особу в начале своей врачебной карьеры походил так же мало, как теперь.

His exterior is heavy — coarse like a peasant's, his face, his beard, his flat hair, and his coarse, clumsy figure, suggest an overfed, intemperate, and harsh innkeeper on the highroad. His face is surly-looking and covered with blue veins, his eyes are little and his nose is red. With his height and broad shoulders he has huge hands and feet; one would think that a blow from his fist would knock the life out of anyone, but his step is soft, and his walk is cautious and insinuating; when he meets anyone in a narrow passage he is always the first to stop and make way, and to say, not in a bass, as one would expect, but in a high, soft tenor: "I beg your pardon!" He has a little swelling on his neck which prevents him from wearing stiff starched collars, and so he always goes about in soft linen or cotton shirts. Altogether he does not dress like a doctor. He wears the same suit for ten years, and the new clothes, which he usually buys at a Jewish shop, look as shabby and crumpled on him as his old ones; he sees patients and dines and pays visits all in the same coat; but this is not due to niggardliness, but to complete carelessness about his appearance.

Наружность у него тяжелая, грубая, мужицкая; своим лицом, бородой, плоскими волосами и крепким, неуклюжим сложением напоминает он трактирщика на большой дороге, разъевшегося, невоздержанного и крутого. Лицо суровое, покрыто синими жилками, глаза маленькие, нос красный. При высоком росте и широких плечах у него громадные руки и ноги; кажется, хватит кулаком — дух вон. Но поступь у него тихая и походка осторожная, вкрадчивая; при встрече в узком коридоре он всегда первый останавливается, чтобы дать дорогу, и не басом, как ждешь, а тонким, мягким тенорком говорит: "Виноват!" У него на шее небольшая опухоль, которая мешает ему носить жесткие крахмальные воротнички, и потому он всегда ходит в мягкой полотняной или ситцевой сорочке. Вообще одевается он не по-докторски. Одну и ту же пару он таскает лет по десяти, а новая одежда, которую он обыкновенно покупает в жидовской лавке, кажется на нем такою же поношенною и помятою, как старая; в одном и том же сюртуке он и больных принимает, и обедает, и в гости ходит; по это не из скупости, а от полного невнимания к своей наружности.

When Andrey Yefimitch came to the town to take up his duties the "institution founded to the glory of God" was in a terrible condition. One could hardly breathe for the stench in the wards, in the passages, and in the courtyards of the hospital. The hospital servants, the nurses, and their children slept in the wards together with the patients. They complained that there was no living for beetles, bugs, and mice. The surgical wards were never free from erysipelas. There were only two scalpels and not one thermometer in the whole hospital; potatoes were kept in the baths. The superintendent, the housekeeper, and the medical assistant robbed the patients, and of the old doctor, Andrey Yefimitch's predecessor, people declared that he secretly sold the hospital alcohol, and that he kept a regular harem consisting of nurses and female patients. These disorderly proceedings were perfectly well known in the town, and were even exaggerated, but people took them calmly; some justified them on the ground that there were only peasants and working men in the hospital, who could not be dissatisfied, since they were much worse off at home than in the hospital — they couldn't be fed on woodcocks! Others said in excuse that the town alone, without help from the Zemstvo, was not equal to maintaining a good hospital; thank God for having one at all, even a poor one. And the newly formed Zemstvo did not open infirmaries either in the town or the neighbourhood, relying on the fact that the town already had its hospital.

Когда Андрей Ефимыч приехал в город, чтобы принять должность, "богоугодное заведение" находилось в ужасном состоянии. В палатах, коридорах и в больничном дворе тяжело было дышать от смрада. Больничные мужики, сиделки и их дети спали в палатах вместе с больными. Жаловались, что житья нет от тараканов, клопов и мышей. В хирургическом отделении не переводилась рожа. На всю больницу было только два скальпеля и ни одного термометра, в ваннах держали картофель. Смотритель, кастелянша и фельдшер грабили больных, а про старого доктора, предшественника Андрея Ефимыча, рассказывали, будто он занимался тайною продажей больничного спирта и завел себе из сиделок и больных женщин целый гарем. В городе отлично знали про эти беспорядки и даже преувеличивали их, но относились к ним спокойно; одни оправдывали их тем, что в больницу ложатся только мещане и мужики, которые не могут быть недовольны, так как дома живут гораздо хуже, чем в больнице: не рябчиками же их кормить! Другие же в оправдание говорили, что одному городу без помощи земства не под силу содержать хорошую больницу; слава богу, что хоть плохая, да есть. А молодое земство не открывало лечебницы ни в городе, ни возле, ссылаясь на то, что город уже имеет свою больницу.

After looking over the hospital Andrey Yefimitch came to the conclusion that it was an immoral institution and extremely prejudicial to the health of the townspeople. In his opinion the most sensible thing that could be done was to let out the patients and close the hospital. But he reflected that his will alone was not enough to do this, and that it would be useless; if physical and moral impurity were driven out of one place, they would only move to another; one must wait for it to wither away of itself. Besides, if people open a hospital and put up with having it, it must be because they need it; superstition and all the nastiness and abominations of daily life were necessary, since in process of time they worked out to something sensible, just as manure turns into black earth. There was nothing on earth so good that it had not something nasty about its first origin.

When Andrey Yefimitch undertook his duties he was apparently not greatly concerned about the irregularities at the hospital. He only asked the attendants and nurses not to sleep in the wards, and had two cupboards of instruments put up; the superintendent, the housekeeper, the medical assistant, and the erysipelas remained unchanged.

Осмотрев больницу, Андрей Ефимыч пришел к заключению, что это учреждение безнравственное и в высшей степени вредное для здоровья жителей. По его мнению, самое умное, что можно было сделать, это — выпустить больных на волю, а больницу закрыть. Но он рассудил, что для этого недостаточно одной только его воли и что это было бы бесполезно; если физическую и нравственную нечистоту прогнать с одного места, то она перейдет на другое: надо ждать, когда она сама выветрится. К тому же, если люди открывали больницу и терпят ее у себя, то, значит, она им нужна; предрассудки и все эти житейские гадости и мерзости нужны, так как они с течением времени перерабатываются во что-нибудь путное, как навоз в чернозем. На земле нет ничего такого хорошего, что в своем первоисточнике не имело бы гадости.

Приняв должность, Андрей Ефимыч отнесся к беспорядкам, по-видимому, довольно равнодушно. Он попросил только больничных мужиков и сиделок не ночевать в палатах и поставил два шкафа с инструментами; смотритель же, кастелянша, фельдшер и хирургическая рожа остались на своих местах.

Andrey Yefimitch loved intelligence and honesty intensely, but he had no strength of will nor belief in his right to organize an intelligent and honest life about him. He was absolutely unable to give orders, to forbid things, and to insist. It seemed as though he had taken a vow never to raise his voice and never to make use of the imperative. It was difficult for him to say "Fetch" or "Bring"; when he wanted his meals he would cough hesitatingly and say to the cook, "How about tea?…" or "How about dinner? …" To dismiss the superintendent or to tell him to leave off stealing, or to abolish the unnecessary parasitic post altogether, was absolutely beyond his powers. When Andrey Yefimitch was deceived or flattered, or accounts he knew to be cooked were brought him to sign, he would turn as red as a crab and feel guilty, but yet he would sign the accounts. When the patients complained to him of being hungry or of the roughness of the nurses, he would be confused and mutter guiltily:

"Very well, very well, I will go into it later … Most likely there is some misunderstanding…"

Андрей Ефимыч чрезвычайно любит ум и честность, но чтобы устроить около себя жизнь умную и честную, у него не хватает характера и веры в свое право. Приказывать, запрещать и настаивать он положительно не умеет. Похоже на то, как будто он дал обет никогда не возвышать голоса и не употреблять повелительного наклонения. Сказать "дай" или "принеси" ему трудно; когда ему хочется есть, он нерешительно покашливает и говорит кухарке: "Как бы мне чаю..." или: "Как бы мне пообедать". Сказать же смотрителю, чтоб он перестал красть, или прогнать его, или совсем упразднить эту ненужную паразитную должность, — для него совершенно не под силу. Когда обманывают Андрея Ефимыча или льстят ему, или подносят для подписи заведомо подлый счет, то он краснеет, как рак, и чувствует себя виноватым, но счет все-таки подписывает; когда больные жалуются ему на голод или на грубых сиделок, он конфузится и виновато бормочет:

— Хорошо, хорошо, я разберу после... Вероятно, тут недоразумение...

At first Andrey Yefimitch worked very zealously. He saw patients every day from morning till dinner-time, performed operations, and even attended confinements. The ladies said of him that he was attentive and clever at diagnosing diseases, especially those of women and children. But in process of time the work unmistakably wearied him by its monotony and obvious uselessness. To-day one sees thirty patients, and to-morrow they have increased to thirty-five, the next day forty, and so on from day to day, from year to year, while the mortality in the town did not decrease and the patients did not leave off coming. To be any real help to forty patients between morning and dinner was not physically possible, so it could but lead to deception. If twelve thousand patients were seen in a year it meant, if one looked at it simply, that twelve thousand men were deceived. To put those who were seriously ill into wards, and to treat them according to the principles of science, was impossible, too, because though there were principles there was no science; if he were to put aside philosophy and pedantically follow the rules as other doctors did, the things above all necessary were cleanliness and ventilation instead of dirt, wholesome nourishment instead of broth made of stinking, sour cabbage, and good assistants instead of thieves;

В первое время Андрей Ефимыч работал очень усердно. Он принимал ежедневно с утра до обеда, делал операции и даже занимался акушерской практикой. Дамы говорили про него, что он внимателен и отлично угадывает болезни, особенно детские и женские. Но с течением времени дело заметно прискучило ему своим однообразием и очевидною бесполезностью. Сегодня примешь тридцать больных, а завтра, глядишь, привалило их тридцать пять, послезавтра сорок, и так изо дня в день, из года в год, а смертность в городе не уменьшается, и больные не перестают ходить. Оказать серьезную помощь сорока приходящим больным от утра до обеда нет физической возможности, значит, поневоле выходит один обман. Принято в отчетном году двенадцать тысяч приходящих больных, значит, попросту рассуждая, обмануто двенадцать тысяч человек. Класть же серьезных больных в палаты и заниматься ими по правилам науки тоже нельзя, потому что правила есть, а науки нет; если же оставить философию и педантически следовать правилам, как прочие врачи, то для этого прежде всего нужны чистота и вентиляция, а не грязь, здоровая пища, а не щи из вонючей кислой капусты, и хорошие помощники, а не воры.

and, indeed, why hinder people dying if death is the normal and legitimate end of everyone? What is gained if some shop-keeper or clerk lives an extra five or ten years? If the aim of medicine is by drugs to alleviate suffering, the question forces itself on one: why alleviate it? In the first place, they say that suffering leads man to perfection; and in the second, if mankind really learns to alleviate its sufferings with pills and drops, it will completely abandon religion and philosophy, in which it has hitherto found not merely protection from all sorts of trouble, but even happiness. Pushkin suffered terrible agonies before his death, poor Heine lay paralyzed for several years; why, then, should not some Andrey Yefimitch or Matryona Savishna be ill, since their lives had nothing of importance in them, and would have been entirely empty and like the life of an amoeba except for suffering?

Oppressed by such reflections, Andrey Yefimitch relaxed his efforts and gave up visiting the hospital every day.

Да и к чему мешать людям умирать, если смерть есть нормальный и законный конец каждого? Что из того, если какой-нибудь торгаш или чиновник проживет лишних пять, десять лет? Если же видеть цель медицины в том, что лекарства облегчают страдания, то невольно напрашивается вопрос: зачем их облегчать? Во-первых, говорят, что страдания ведут человека к совершенству, и, во-вторых, если человечество в самом деле научится облегчать свои страдания пилюлями и каплями, то оно совершенно забросит религию и философию, в которых до сих пор находило не только защиту от всяких бед, но даже счастие. Пушкин перед смертью испытывал страшные мучения, бедняжка Гейне несколько лет лежал в параличе; почему же не поболеть какому-нибудь Андрею Ефимычу или Матрене Савишне, жизнь которых бессодержательна и была бы совершенно пуста и похожа на жизнь амебы, если бы не страдания?

Подавляемый такими рассуждениями, Андрей Ефимыч опустил руки и стал ходить в больницу не каждый день.

His life was passed like this. As a rule he got up at eight o'clock in the morning, dressed, and drank his tea. Then he sat down in his study to read, or went to the hospital. At the hospital the out-patients were sitting in the dark, narrow little corridor waiting to be seen by the doctor. The nurses and the attendants, tramping with their boots over the brick floors, ran by them; gaunt-looking patients in dressing-gowns passed; dead bodies and vessels full of filth were carried by; the children were crying, and there was a cold draught. Andrey Yefimitch knew that such surroundings were torture to feverish, consumptive, and impressionable patients; but what could be done? In the consulting-room he was met by his assistant, Sergey Sergeyitch — a fat little man with a plump, well-washed shaven face, with soft, smooth manners, wearing a new loosely cut suit, and looking more like a senator than a medical assistant. He had an immense practice in the town, wore a white tie, and considered himself more proficient than the doctor, who had no practice. In the corner of the consulting-room there stood a large ikon in a shrine with a heavy lamp in front of it, and near it a candle-stand with a white cover on it. On the walls hung portraits of bishops, a view of the Svyatogorsky Monastery, and wreaths of dried cornflowers. Sergey Sergeyitch was religious, and liked solemnity and decorum. The ikon had been put up at his expense; at his instructions some one of the patients read the hymns of praise in the consulting-room on Sundays, and after the reading Sergey Sergeyitch himself went through the wards with a censer and burned incense.

VI

Жизнь его проходит так. Обыкновенно он встает утром часов в восемь, одевается и пьет чай. Потом садится у себя в кабинете читать или идет в больницу. Здесь, в больнице, в узком темном коридорчике сидят амбулаторные больные, ожидающие приемки. Мимо них, стуча сапогами по кирпичному полу, бегают мужики и сиделки, проходят тощие больные в халатах, проносят мертвецов и посуду с нечистотами, плачут дети, дует сквозной ветер. Андрей Ефимыч знает, что для лихорадящих, чахоточных и вообще впечатлительных больных такая обстановка мучительна, но что поделаешь? В приемной встречает его фельдшер Сергей Сергеич, маленький, толстый человек с бритым, чисто вымытым, пухлым лицом, с мягкими плавными манерами и в новом просторном костюме, похожий больше на сенатора, чем на фельдшера. В городе он имеет громадную практику, носит белый галстук и считает себя более сведущим, чем доктор, который совсем не имеет практики. В углу, в приемной, стоит большой образ в киоте, с тяжелою лампадой, возле — ставник в белом чехле; на стенах висят портреты архиереев, вид Святогорского монастыря и венки из сухих васильков. Сергей Сергеич религиозен и любит благолепие. Образ поставлен его иждивением; по воскресеньям в приемной кто-нибудь из больных, по его приказанию, читает вслух акафист, а после чтения сам Сергей Сергеич обходит все палаты с кадильницей и кадит в них ладаном.

There were a great many patients, but the time was short, and so the work was confined to the asking of a few brief questions and the administration of some drugs, such as castor-oil or volatile ointment. Andrey Yefimitch would sit with his cheek resting in his hand, lost in thought and asking questions mechanically. Sergey Sergeyitch sat down too, rubbing his hands, and from time to time putting in his word.

"We suffer pain and poverty," he would say, "because we do not pray to the merciful God as we should. Yes!"

Andrey Yefimitch never performed any operation when he was seeing patients; he had long ago given up doing so, and the sight of blood upset him. When he had to open a child's mouth in order to look at its throat, and the child cried and tried to defend itself with its little hands, the noise in his ears made his head go round and brought tears to his eyes. He would make haste to prescribe a drug, and motion to the woman to take the child away.

He was soon wearied by the timidity of the patients and their incoherence, by the proximity of the pious Sergey Sergeyitch, by the portraits on the walls, and by his own questions which he had asked over and over again for twenty years. And he would go away after seeing five or six patients. The rest would be seen by his assistant in his absence.

Больных много, а времени мало, и потому дело ограничивается одним только коротким опросом и выдачей какого-нибудь лекарства, вроде летучей мази или касторки. Андрей Ефимыч сидит, подперев щеку кулаком, задумавшись, и машинально задает вопросы. Сергей Сергеич тоже сидит, потирает свои ручки и изредка вмешивается.

— Болеем и нужду терпим оттого, — говорит он, — что господу милосердному плохо молимся. Да!

Во время приемки Андрей Ефимыч не делает никаких операций; он давно уже отвык от них, и вид крови его неприятно волнует. Когда ему приходится раскрывать ребенку рот, чтобы заглянуть в горло, а ребенок кричит и защищается ручонками, то от шума в ушах у него кружится голова и выступают слезы на глазах. Он торопится прописать лекарство и машет руками, чтобы баба поскорее унесла ребенка.

На приемке скоро ему прискучают робость больных и их бестолковость, близость благолепного Сергея Сергеича, портреты на стенах и свои собственные вопросы, которые он задает неизменно уже более двадцати лет. И он уходит, приняв пять-шесть больных. Остальных без него принимает фельдшер.

With the agreeable thought that, thank God, he had no private practice now, and that no one would interrupt him, Andrey Yefimitch sat down to the table immediately on reaching home and took up a book. He read a great deal and always with enjoyment. Half his salary went on buying books, and of the six rooms that made up his abode three were heaped up with books and old magazines. He liked best of all works on history and philosophy; the only medical publication to which he subscribed was 'The Doctor', of which he always read the last pages first. He would always go on reading for several hours without a break and without being weary. He did not read as rapidly and impulsively as Ivan Dmitritch had done in the past, but slowly and with concentration, often pausing over a passage which he liked or did not find intelligible. Near the books there always stood a decanter of vodka, and a salted cucumber or a pickled apple lay beside it, not on a plate, but on the baize table-cloth. Every half-hour he would pour himself out a glass of vodka and drink it without taking his eyes off the book. Then without looking at it he would feel for the cucumber and bite off a bit.

At three o'clock he would go cautiously to the kitchen door; cough, and say,

"Daryushka, what about dinner?.."

С приятною мыслью, что, слава богу, частной практики у него давно уже нет и что ему никто не помешает, Андрей Ефимыч, придя домой, немедленно садится в кабинете за стол и начинает читать. Читает он очень много и всегда с большим удовольствием. Половина жалованья уходит у него на покупку книг, и из шести комнат его квартиры три завалены книгами и старыми журналами. Больше всего он любит сочинения по истории и философии; по медицине же выписывает одного только "Врача", которого всегда начинает читать с конца. Чтение всякий раз продолжается без перерыва по нескольку часов и его не утомляет. Читает он не так быстро и порывисто, как когда-то читал Иван Дмитрич, а медленно, с проникновением, часто останавливаясь на местах, которые ему нравятся или непонятны. Около книги всегда стоит графинчик с водкой и лежит соленый огурец или моченое яблоко прямо на сукне, без тарелки. Через каждые полчаса он, не отрывая глаз от книги, наливает себе рюмку водки и выпивает, потом, не глядя, нащупывает огурец и откусывает кусочек.

В три часа он осторожно подходит к кухонной двери, кашляет и говорит:

— Дарьюшка, как бы мне пообедать...

After his dinner — a rather poor and untidily served one — Andrey Yefimitch would walk up and down his rooms with his arms folded, thinking. The clock would strike four, then five, and still he would be walking up and down thinking. Occasionally the kitchen door would creak, and the red and sleepy face of Daryushka would appear.

"Andrey Yefimitch, isn't it time for you to have your beer?" she would ask anxiously.

"No, it's not time yet ..." he would answer. "I'll wait a little ... I'll wait a little…"

После обеда, довольно плохого и неопрятного, Андрей Ефимыч ходит по своим комнатам, скрестив на груди руки, и думает. Бьет четыре часа, потом пять, а он все ходит и думает. Изредка поскрипывает кухонная дверь, и показывается из нее красное, заспанное лицо Дарьюшки.

— Андрей Ефимыч, вам не пора пиво пить, — спрашивает она озабоченно.

— Нет, еще не время... — отвечает он. — Я погожу... погожу...

Towards the evening the postmaster, Mihail Averyanitch, the only man in town whose society did not bore Andrey Yefimitch, would come in. Mihail Averyanitch had once been a very rich landowner, and had served in the calvary, but had come to ruin, and was forced by poverty to take a job in the post office late in life. He had a hale and hearty appearance, luxuriant grey whiskers, the manners of a well-bred man, and a loud, pleasant voice. He was good-natured and emotional, but hot-tempered. When anyone in the post office made a protest, expressed disagreement, or even began to argue, Mihail Averyanitch would turn crimson, shake all over, and shout in a voice of thunder, "Hold your tongue!" so that the post office had long enjoyed the reputation of an institution which it was terrible to visit. Mihail Averyanitch liked and respected Andrey Yefimitch for his culture and the loftiness of his soul; he treated the other inhabitants of the town superciliously, as though they were his subordinates.

"Here I am," he would say, going in to Andrey Yefimitch. "Good evening, my dear fellow! I'll be bound, you are getting sick of me, aren't you?"

"On the contrary, I am delighted," said the doctor. "I am always glad to see you."

К вечеру обыкновенно приходит почтмейстер, Михаил Аверьяныч, единственный во всем городе человек, общество которого для Андрея Ефимыча не тягостно. Михаил Аверьяныч когда-то был очень богатым помещиком и служил в кавалерии, но разорился и из нужды поступил под старость в почтовое ведомство. У него бодрый, здоровый вид, роскошные седые бакены, благовоспитанные манеры и громкий приятный голос. Он добр и чувствителен, но вспыльчив. Когда на почте кто-нибудь из посетителей протестует, не соглашается или просто начинает рассуждать, то Михаил Аверьяныч багровеет, трясется всем телом и кричит громовым голосом: "Замолчать!", так что за почтовым отделением давно уже установилась репутация учреждения, в котором страшно бывать. Михаил Аверьяныч уважает и любит Андрея Ефимыча за образованность и благородство души, к прочим же обывателям относится свысока, как к своим подчиненным.

— А вот и я! — говорит он, входя к Андрею Ефимычу. — Здравствуйте, мой дорогой! Небось я уже надоел вам, а?

— Напротив, очень рад, — отвечает ему доктор, — и всегда рад вам.

The friends would sit on the sofa in the study and for some time would smoke in silence.

"Daryushka, what about the beer?" Andrey Yefimitch would say.

They would drink their first bottle still in silence, the doctor brooding and Mihail Averyanitch with a gay and animated face, like a man who has something very interesting to tell. The doctor was always the one to begin the conversation.

"What a pity," he would say quietly and slowly, shaking his head, and without looking his friend in the face (he never looked anyone in the face) — "what a great pity it is, my dear Mihail Avryanitch, that there are no people in our town who are capable of carrying on intelligent and interesting conversation, or care to do so. It is an immense privation for us. Even the educated class do not rise above vulgarity; the level of their development, I assure you, is not a bit higher than that of the lower orders."

"Perfectly true. I agree."

Приятели садятся в кабинете на диван и некоторое время молча курят.

— Дарьюшка, как бы нам пива! — говорит Андрей Ефимыч.

Первую бутылку выпивают тоже молча: доктор — задумавшись, а Михаил Аверьяныч — с веселым, оживленным видом, как человек, который имеет рассказать что-то очень интересное. Разговор всегда начинает доктор.

— Как жаль, — говорит он медленно и тихо, покачивая головой и не глядя в глаза собеседнику (он никогда не смотрит в глаза), — как глубоко жаль, уважаемый Михаил Аверьяныч, что в нашем городе совершенно нет людей, которые бы умели и любили вести умную и интересную беседу. Это громадное для нас лишение. Даже интеллигенция не возвышается над пошлостью; уровень ее развития, уверяю вас, нисколько не выше, чем у низшего сословия.

— Совершенно верно. Согласен.

"You know, of course," the doctor went on quietly and deliberately, "that everything in this world is insignificant and uninteresting except the higher spiritual manifestations of the human mind. Intellect draws a sharp line between the animals and man, suggests the divinity of the latter, and to some extent even takes the place of the immortality which does not exist. Consequently the intellect is the only possible source of enjoyment. We see and hear of no trace of intellect about us, so we are deprived of enjoyment. We have books, it is true, but that is not at all the same as living talk and converse. If you will allow me to make a not quite apt comparison: books are the printed score, while talk is the singing."

— Вы сами изволите знать, — продолжает доктор тихо и с расстановкой, — что на этом свете все незначительно и неинтересно, кроме высших духовных проявлений человеческого ума. Ум проводит резкую грань между животным и человеком, намекает на божественность последнего и в некоторой степени даже заменяет ему бессмертие, которого нет. Исходя из этого, ум служит единственно возможным источником наслаждения. Мы же не видим и не слышим около себя ума, — значит, мы лишены наслаждения. Правда, у нас есть книги, но это совсем не то, что живая беседа и общение. Если позволите сделать не совсем удачное сравнение, то книги — это ноты, а беседа — пение.

"Perfectly true."

— Совершенно верно.

A silence would follow. Daryushka would come out of the kitchen and with an expression of blank dejection would stand in the doorway to listen, with her face propped on her fist.

Наступает молчание. Из кухни выходит Дарьюшка и с выражением тупой скорби, подперев кулачком лицо, останавливается в дверях, чтобы послушать.

"Eh!" Mihail Averyanitch would sigh. "To expect intelligence of this generation!"

— Эх! — вздыхает Михаил Аверьяныч. — Захотели от нынешних ума!

And he would describe how wholesome, entertaining, and interesting life had been in the past. How intelligent the educated class in Russia used to be, and what lofty ideas it had of honour and friendship; how they used to lend money without an IOU [= I owe you], and it was thought a disgrace not to give a helping hand to a comrade in need; and what campaigns, what adventures, what skirmishes, what comrades, what women! And the Caucasus, what a marvellous country! The wife of a battalion commander, a queer woman, used to put on an officer's uniform and drive off into the mountains in the evening, alone, without a guide. It was said that she had a love affair with some princeling in the native village.

"Queen of Heaven, Holy Mother..." Daryushka would sigh.

"And how we drank! And how we ate! And what desperate liberals we were!"

Andrey Yefimitch would listen without hearing; he was musing as he sipped his beer.

И он рассказывает, как жилось прежде здорово, весело и интересно, какая была в России умная интеллигенция и как высоко она ставила понятия о чести и дружбе. Давали деньги взаймы без векселя, и считалось позором не протянуть руку помощи нуждающемуся товарищу. А какие были походы, приключения, стычки, какие товарищи, какие женщины! А Кавказ — какой удивительный край! А жена одного батальонного командира, странная женщина, надевала офицерское платье и уезжала по вечерам в горы одна, без проводника. Говорят, что в аулах у нее был роман с каким-то князьком.

— Царица небесная, матушка... — вздыхает Дарьюшка.

— А как пили! Как ели! А какие были отчаянные либералы!

Андрей Ефимыч слушает и не слышит; он о чем-то думает и прихлебывает пиво.

"I often dream of intellectual people and conversation with them," he said suddenly, interrupting Mihail Averyanitch. "My father gave me an excellent education, but under the influence of the ideas of the sixties made me become a doctor. I believe if I had not obeyed him then, by now I should have been in the very centre of the intellectual movement. Most likely I should have become a member of some university. Of course, intellect, too, is transient and not eternal, but you know why I cherish a partiality for it. Life is a vexatious trap; when a thinking man reaches maturity and attains to full consciousness he cannot help feeling that he is in a trap from which there is no escape. Indeed, he is summoned without his choice by fortuitous circumstances from non-existence into life … what for? He tries to find out the meaning and object of his existence; he is told nothing, or he is told absurdities; he knocks and it is not opened to him; death comes to him — also without his choice. And so, just as in prison men held together by common misfortune feel more at ease when they are together, so one does not notice the trap in life when people with a bent for analysis and generalization meet together and pass their time in the interchange of proud and free ideas. In that sense the intellect is the source of an enjoyment nothing can replace."

"Perfectly true."

— Мне часто снятся умные люди и беседы с ними, — говорит он неожиданно, перебивая Михаила Аверьяныча. — Мой отец дал мне прекрасное образование, но под влиянием идей шестидесятых годов заставил меня сделаться врачом. Мне кажется, что если б я тогда не послушался его, то теперь я находился бы в самом центре умственного движения. Вероятно, был бы членом какого-нибудь факультета. Конечно, ум тоже не вечен и преходящ, но вы уже знаете, почему я питаю к нему склонность. Жизнь есть досадная ловушка. Когда мыслящий человек достигает возмужалости и приходит в зрелое сознание, то он невольно чувствует себя как бы в ловушке, из которой нет выхода. В самом деле, против его воли вызван он какими-то случайностями из небытия к жизни... Зачем? Хочет он узнать смысл и цель своего существования, ему не говорят или же говорят нелепости; он стучится — ему не отворяют; к нему приходит смерть — тоже против его воли. И вот, как в тюрьме люди, связанные общим несчастном, чувствуют себя легче, когда сходятся вместе, так и в жизни не замечаешь ловушки, когда люди, склонные к анализу и обобщениям, сходятся вместе и проводят время в обмене гордых, свободных идей. В этом смысле ум есть наслаждение незаменимее.

— Совершенно верно.

Not looking his friend in the face, Andrey Yefimitch would go on, quietly and with pauses, talking about intellectual people and conversation with them, and Mihail Averyanitch would listen attentively and agree: "Perfectly true."

"And you do not believe in the immortality of the soul?" he would ask suddenly.

"No, honoured Mihail Averyanitch; I do not believe it, and have no grounds for believing it."

"I must own I doubt it too. And yet I have a feeling as though I should never die. Oh, I think to myself: 'Old fogey, it is time you were dead!' But there is a little voice in my soul says: 'Don't believe it; you won't die.'"

Soon after nine o'clock Mihail Averyanitch would go away. As he put on his fur coat in the entry he would say with a sigh:

"What a wilderness fate has carried us to, though, really! What's most vexatious of all is to have to die here. Ech!.."

Не глядя собеседнику в глаза, тихо и с паузами, Андрей Ефимыч продолжает говорить об умных людях и беседах с ними, а Михаил Аверьяныч внимательно слушает его и соглашается: "Совершенно верно".

— А вы не верите в бессмертие души? — вдруг спрашивает почтмейстер.

— Нет, уважаемый Михаил Аверьяныч, не верю и не имею основания верить.

— Признаться, и я сомневаюсь. А хотя, впрочем, у меня такое чувство, как будто я никогда не умру. Ой, думаю себе, старый хрен, умирать пора! А в душе какой-то голосочек: не верь, не умрешь!..

В начале десятого часа Михаил Аверьяныч уходит. Надевая в передней шубу, он говорит со вздохом:

— Однако в какую глушь занесла нас судьба! Досаднее всего, что здесь и умирать придется. Эх!..

After seeing his friend out Andrey Yefimitch would sit down at the table and begin reading again. The stillness of the evening, and afterwards of the night, was not broken by a single sound, and it seemed as though time were standing still and brooding with the doctor over the book, and as though there were nothing in existence but the books and the lamp with the green shade. The doctor's coarse peasant-like face was gradually lighted up by a smile of delight and enthusiasm over the progress of the human intellect. Oh, why is not man immortal? he thought. What is the good of the brain centres and convolutions, what is the good of sight, speech, self-consciousness, genius, if it is all destined to depart into the soil, and in the end to grow cold together with the earth's crust, and then for millions of years to fly with the earth round the sun with no meaning and no object? To do that there was no need at all to draw man with his lofty, almost godlike intellect out of non-existence, and then, as though in mockery, to turn him into clay.

Проводив приятеля, Андрей Ефимыч садится за стол и опять начинает читать. Тишина вечера и потом ночи не нарушается ни одним звуком, и время, кажется, останавливается и замирает вместе с доктором над книгой, и кажется, что ничего не существует, кроме этой книги и лампы с зеленым колпаком. Грубое, мужицкое лицо доктора мало-помалу озаряется улыбкой умиления и восторга перед движениями человеческого ума. О, зачем человек не бессмертен? — думает он. — Зачем мозговые центры и извилины, зачем зрение, речь, самочувствие, гений, если всему этому суждено уйти в почву и в конце концов охладеть вместе с земной корой, а потом миллионы лет без смысла и без цели носиться с землей вокруг солнца? Для того, чтобы охладеть и потом носиться, совсем не нужно извлекать из небытия человека с его высоким, почти божеским умом, и потом, словцо в насмешку, превращать его в глину.

The transmutation of substances! But what cowardice to comfort oneself with that cheap substitute for immortality! The unconscious processes that take place in nature are lower even than the stupidity of man, since in stupidity there is, anyway, consciousness and will, while in those processes there is absolutely nothing. Only the coward who has more fear of death than dignity can comfort himself with the fact that his body will in time live again in the grass, in the stones, in the toad. To find one's immortality in the transmutation of substances is as strange as to prophesy a brilliant future for the case after a precious violin has been broken and become useless.

Обмен веществ! Но какая трусость утешать себя этим суррогатом бессмертия! Бессознательные процессы, происходящие в природе, ниже даже человеческой глупости, так как в глупости есть все-таки сознание и воля, в процессах же ровно ничего. Только трус, у которого больше страха перед смертью, чем достоинства, может утешать себя тем, что тело его будет со временем жить в траве, в камне, в жабе... Видеть свое бессмертие в обмене веществ так же странно, как пророчить блестящую будущность футляру после того, как разбилась и стала негодной дорогая скрипка.

When the clock struck, Andrey Yefimitch would sink back into his chair and close his eyes to think a little. And under the influence of the fine ideas of which he had been reading he would, unawares, recall his past and his present. The past was hateful — better not to think of it. And it was the same in the present as in the past. He knew that at the very time when his thoughts were floating together with the cooling earth round the sun, in the main building beside his abode people were suffering in sickness and physical impurity: someone perhaps could not sleep and was making war upon the insects, someone was being infected by erysipelas, or moaning over too tight a bandage; perhaps the patients were playing cards with the nurses and drinking vodka. According to the yearly return, twelve thousand people had been deceived; the whole hospital rested as it had done twenty years ago on thieving, filth, scandals, gossip, on gross quackery, and, as before, it was an immoral institution extremely injurious to the health of the inhabitants. He knew that Nikita knocked the patients about behind the barred windows of Ward No. 6, and that Moiseika went about the town every day begging alms.

Когда бьют часы, Андрей Ефимыч откидывается на спинку кресла и закрывает глаза, чтобы немножко подумать. И невзначай, под влиянием хороших мыслей, вычитанных из книги, он бросает взгляд на свое прошедшее и на настоящее. Прошлое противно, лучше не вспоминать о нем. А в настоящем то же, что в прошлом. Он знает, что в то время, когда его мысли носятся имеете с охлажденною землей вокруг солнца, рядом с докторской квартирой, в большом корпусе томятся люди в болезнях и физической нечистоте; быть может, кто-нибудь не спит и воюет с насекомыми, кто-нибудь заражается рожей или стонет от туго положенной повязки; быть может, больные играют в карты с сиделками и пьют водку. В отчетном году было обмануто двенадцать тысяч человек; все больничное дело, как и двадцать лет назад, построено на воровстве, дрязгах, сплетнях, кумовстве, на грубом шарлатанстве, и больница по-прежнему представляет из себя учреждение безнравственное и в высшей степени вредное для здоровья жителей. Он знает, что в палате N 6 за решетками Никита колотит больных и что Мойсейка каждый день ходит по городу и собирает милостыню.

On the other hand, he knew very well that a magical change had taken place in medicine during the last twenty-five years. When he was studying at the university he had fancied that medicine would soon be overtaken by the fate of alchemy and metaphysics; but now when he was reading at night the science of medicine touched him and excited his wonder, and even enthusiasm. What unexpected brilliance, what a revolution! Thanks to the antiseptic system operations were performed such as the great Pirogov had considered impossible even in spe [= in the future (Latin)]. Ordinary Zemstvo doctors were venturing to perform the resection of the kneecap; of abdominal operations only one per cent was fatal; while stone was considered such a trifle that they did not even write about it. A radical cure for syphilis had been discovered. And the theory of heredity, hypnotism, the discoveries of Pasteur and of Koch, hygiene based on statistics, and the work of Zemstvo doctors!

С другой же стороны, ему отлично известно, что за последние двадцать пять лет с медициной произошла сказочная перемена. Когда он учился в университете, ему казалось, что медицину скоро постигнет участь алхимии и метафизики, теперь же, когда он читает по ночам, медицина трогает его и возбуждает в нем удивление и даже восторг. В самом деле, какой неожиданный блеск, какая революция! Благодаря антисептике делают операции, какие великий Пирогов считал невозможными даже in spe {в будущем (лат.).}, Обыкновенные земские врачи решаются производить резекцию коленного сустава, на сто чревосечений один только смертный случай, а каменная болезнь считается таким пустяком, что о ней даже не пишут. Радикально излечивается сифилис. А теория наследственности, гипнотизм, открытия Пастера и Коха, гигиена со статистикою, а наша русская земская медицина?

Psychiatry with its modern classification of mental diseases, methods of diagnosis, and treatment, was a perfect Elborus in comparison with what had been in the past. They no longer poured cold water on the heads of lunatics nor put strait-waistcoats upon them; they treated them with humanity, and even, so it was stated in the papers, got up balls and entertainments for them. Andrey Yefimitch knew that with modern tastes and views such an abomination as Ward No. 6 was possible only a hundred and fifty miles from a railway in a little town where the mayor and all the town council were half-illiterate tradesmen who looked upon the doctor as an oracle who must be believed without any criticism even if he had poured molten lead into their mouths; in any other place the public and the newspapers would long ago have torn this little Bastille to pieces.

"But, after all, what of it?" Andrey Yefimitch would ask himself, opening his eyes. "There is the antiseptic system, there is Koch, there is Pasteur, but the essential reality is not altered a bit; ill-health and mortality are still the same. They get up balls and entertainments for the mad, but still they don't let them go free; so it's all nonsense and vanity, and there is no difference in reality between the best Vienna clinic and my hospital."

Психиатрия с ее теперешнею классификацией болезней, методами распознавания и лечения — это в сравнении с тем, что было, целый Эльборус. Теперь помешанным не льют на голову холодную воду и не надевают на них горячечных рубах; их содержат по-человечески и даже, как пишут в газетах, устраивают для них спектакли и балы. Андрей Ефимыч знает, что при теперешних взглядах и вкусах такая мерзость, как палата N 6, возможна разве только в двухстах верстах от железной дороги, в городке, где городской голова и все гласные — полуграмотные мещане, видящие во враче жреца, которому нужно верить без всякой критики, хотя бы он вливал в рот расплавленное олово; в другом же месте публика и газеты давно бы уже расхватали в клочья эту маленькую Бастилию.

"Но что же? — спрашивает себя Андрей Ефимыч, открывая глаза. — Что же из этого? И антисептика, и Кох, и Пастер, а сущность дела нисколько не изменилась. Болезненность и смертность все те же. Сумасшедшим устраивают балы и спектакли, а на волю их все-таки не выпускают. Значит, все вздор и суета, и разницы между лучшею венскою клиникой и моею больницей, в сущности, нет никакой".

But depression and a feeling akin to envy prevented him from feeling indifferent; it must have been owing to exhaustion. His heavy head sank on to the book, he put his hands under his face to make it softer, and thought:

"I serve in a pernicious institution and receive a salary from people whom I am deceiving. I am not honest, but then, I of myself am nothing, I am only part of an inevitable social evil: all local officials are pernicious and receive their salary for doing nothing... And so for my dishonesty it is not I who am to blame, but the times... If I had been born two hundred years later I should have been different..."

When it struck three he would put out his lamp and go into his bedroom; he was not sleepy.

Но скорбь и чувство, похожее на зависть, мешают ему быть равнодушным. Это, должно быть, от утомления. Тяжелая голова склоняется к книге, он кладет под лицо руки, чтобы мягче было, и думает:

"Я служу вредному делу и получаю жалованье от людей, которых обманываю; я нечестен. Но ведь сам по себе я ничто, я только частица необходимого социального зла: все уездные чиновники вредны и даром получают жалованье... Значит, в своей нечестности виноват не я, а время... Родись я двумястами лет позже, я был бы другим".

Когда бьет три часа, он тушит лампу и уходит в спальню. Спать ему не хочется.

VIII

Two years before, the Zemstvo in a liberal mood had decided to allow three hundred roubles a year to pay for additional medical service in the town till the Zemstvo hospital should be opened, and the district doctor, Yevgeny Fyodoritch Hobotov, was invited to the town to assist Andrey Yefimitch. He was a very young man — not yet thirty — tall and dark, with broad cheek-bones and little eyes; his forefathers had probably come from one of the many alien races of Russia. He arrived in the town without a farthing, with a small portmanteau, and a plain young woman whom he called his cook. This woman had a baby at the breast. Yevgeny Fyodoritch used to go about in a cap with a peak, and in high boots, and in the winter wore a sheepskin. He made great friends with Sergey Sergeyitch, the medical assistant, and with the treasurer, but held aloof from the other officials, and for some reason called them aristocrats. He had only one book in his lodgings, "The Latest Prescriptions of the Vienna Clinic for 1881." When he went to a patient he always took this book with him. He played billiards in the evening at the club: he did not like cards. He was very fond of using in conversation such expressions as "endless bobbery," "canting soft soap," "shut up with your finicking…", etc.

VIII

Года два тому назад земство расщедрилось и постановило выдавать триста рублей ежегодно в качестве пособия на усиление медицинского персонала в городской больнице впредь до открытия земской больницы, и на помощь Андрею Ефимычу был приглашен городом уездный врач Евгений Федорыч Хоботов. Это еще очень молодой человек — ему нет и тридцати, — высокий брюнет с широкими скулами и маленькими глазками; вероятно, предки его были инородцами. Приехал он в город без гроша денег, с небольшим чемоданчиком и с молодою некрасивою женщиной, которую он называет своею кухаркой. У этой женщины грудной младенец. Ходит Евгений Федорыч в фуражке с козырьком и в высоких сапогах, а зимой в полушубке. Он близко сошелся с фельдшером Сергеем Сергеичем и с казначеем, а остальных чиновников называет почему-то аристократами и сторонится их. Во всей квартире у него есть только одна книга — "Новейшие рецепты венской клиники за 1881 г.". Идя к больному, он всегда берет с собой и эту книжку. В клубе по вечерам играет он в бильярд, карт же не любит. Большой охотник употреблять в разговоре такие слова, как канитель, мантифолия с уксусом, будет тебе тень наводить и т. п.

He visited the hospital twice a week, made the round of the wards, and saw out-patients. The complete absence of antiseptic treatment and the cupping roused his indignation, but he did not introduce any new system, being afraid of offending Andrey Yefimitch. He regarded his colleague as a sly old rascal, suspected him of being a man of large means, and secretly envied him. He would have been very glad to have his post.

IX

On a spring evening towards the end of March, when there was no snow left on the ground and the starlings were singing in the hospital garden, the doctor went out to see his friend the postmaster as far as the gate. At that very moment the Jew Moiseika, returning with his booty, came into the yard. He had no cap on, and his bare feet were thrust into goloshes; in his hand he had a little bag of coppers.

"Give me a kopeck!" he said to the doctor, smiling, and shivering with cold.

Andrey Yefimitch, who could never refuse anyone anything, gave him a ten-kopeck piece.

"How bad that is!" he thought, looking at the Jew's bare feet with their thin red ankles. "Why, it's wet."

В больнице он бывает два раза в неделю, обходит палаты и делает приемку больных. Совершенное отсутствие антисептики и кровососные банки возмущают его, но новых порядков он не вводит, боясь оскорбить этим Андрея Ефимыча. Своего коллегу Андрея Ефимыча он считает старым плутом, подозревает у него большие средства и втайне завидует ему. Он охотно бы занял его место.

IX

В один из весенних вечеров, в конце марта, когда уже на земле не было снега и в больничном саду пели скворцы, доктор вышел проводить до ворот своего приятеля почтмейстера. Как раз в это время во двор входил жид Мойсейка, возвращавшийся с добычи. Он был без шапки и в мелких калошах на босую ногу и в руках с держал небольшой мешочек с милостыней.

— Дай копеечку, — обратился он к доктору, дрожа от холода и улыбаясь.

Андрей Ефимыч, который никогда не умел отказывать, подал ему гривенник.

— Как это нехорошо, — подумал он, глядя на его босые ноги с красными тощими щиколками. — Ведь мокро".

And stirred by a feeling akin both to pity and disgust, he went into the lodge behind the Jew, looking now at his bald head, now at his ankles. As the doctor went in, Nikita jumped up from his heap of litter and stood at attention.

"Good-day, Nikita," Andrey Yefimitch said mildly. "What about providing that Jew with boots or something, he will catch cold."

"Certainly, your honour. I'll inform the superintendent."

"Please do; ask him in my name. Tell him that I asked."

The door into the ward was open. Ivan Dmitritch, lying propped on his elbow on the bed, listened in alarm to the unfamiliar voice, and suddenly recognized the doctor. He trembled all over with anger, jumped up, and with a red and wrathful face, with his eyes starting out of his head, ran out into the middle of the ward.

"The doctor has come!" he shouted, and broke into a laugh. "At last! Gentlemen, I congratulate you. The doctor is honouring us with a visit! Cursed reptile!" he shrieked, and stamped in a frenzy such as had never been seen in the ward before. "Kill the reptile! No, killing's too good. Drown him in the midden-pit!"

И побуждаемый чувством, похожим на жалость и на брезгливость, он пошел во флигель вслед за евреем, поглядывая то на его лысину, то на щиколки. При входе доктора с кучи хлама вскочил Никита и вытянулся.

— Здравствуй, Никита, — сказал мягко Андрей Ефимыч. — Как бы этому еврею выдать сапоги, что ли, а то простудится.

— Слушаю, ваши высокоблагородие. Я доложу смотрителю.

— Пожалуйста. Ты попроси его от моего имени. Скажи, что я просил.

Дверь из сеней в палату была отворена. Иван Дмитрич, лежа на кровати и приподнявшись на локоть, с тревогой прислушивался к чужому голосу и вдруг узнал доктора. Он весь затрясся от гнева, вскочил и с красным злым лицом, с глазами навыкате, выбежал на середину палаты.

— Доктор пришел! — крикнул он и захохотал. — Наконец-то! Господа, поздравляю, доктор удостоивает нас своим визитом! Проклятая гадина! — взвизгнул он и в исступлении, какого никогда еще не видели в палате, топнул ногой. — Убить эту гадину! Нет, мало убить! Утопить в отхожем месте!

Andrey Yefimitch, hearing this, looked into the ward from the entry and asked gently:

"What for?"

"What for?" shouted Ivan Dmitritch, going up to him with a menacing air and convulsively wrapping himself in his dressing-gown. "What for? Thief!" he said with a look of repulsion, moving his lips as though he would spit at him. "Quack! hangman!"

"Calm yourself," said Andrey Yefimitch, smiling guiltily. "I assure you I have never stolen anything; and as to the rest, most likely you greatly exaggerate. I see you are angry with me. Calm yourself, I beg, if you can, and tell me coolly what are you angry for?"

"What are you keeping me here for?"

"Because you are ill."

— Андрей Ефимыч, слышащий это, выглянул из сеней в палату и спросил мягко:

— За что?

— За что? — крикнул Иван Дмитрич, подходя к нему с угрожающим видом и судорожно запахиваясь в халат, — За что? Вор! — проговорил он с отвращением и делая губы так, как будто желая плюнуть. — Шарлатан! Палач!

— Успокойтесь, — сказал Андрей Ефимыч, виновато улыбаясь. — Уверяю вас, я никогда ничего не крал, в остальном же, вероятно, вы сильно преувеличиваете. Я вижу, что вы на меня сердиты. Успокойтесь, прошу вас, если можете, и скажите хладнокровно: за что вы сердиты?

— А за что вы меня здесь держите?

— За то, что вы больны.

"Yes, I am ill. But you know dozens, hundreds of madmen are walking about in freedom because your ignorance is incapable of distinguishing them from the sane. Why am I and these poor wretches to be shut up here like scapegoats for all the rest? You, your assistant, the superintendent, and all your hospital rabble, are immeasurably inferior to every one of us morally; why then are we shut up and you not? Where's the logic of it?"

"Morality and logic don't come in, it all depends on chance. If anyone is shut up he has to stay, and if anyone is not shut up he can walk about, that's all. There is neither morality nor logic in my being a doctor and your being a mental patient, there is nothing but idle chance."

"That twaddle I don't understand…" Ivan Dmitritch brought out in a hollow voice, and he sat down on his bed.

Moiseika, whom Nikita did not venture to search in the presence of the doctor, laid out on his bed pieces of bread, bits of paper, and little bones, and, still shivering with cold, began rapidly in a singsong voice saying something in Yiddish. He most likely imagined that he had opened a shop.

"Let me out," said Ivan Dmitritch, and his voice quivered.

— Да, болен. Но ведь десятки, сотни сумасшедших гуляют на свободе, потому что ваше невежество неспособно отличить их от здоровых. Почему же я и вот эти несчастные должны сидеть тут за всех, как козлы отпущения? Вы, фельдшер, смотритель и вся ваша больничная сволочь в нравственном отношении неизмеримо ниже каждого из нас, почему же мы сидим, а вы нет? Где логика?

— Нравственное отношение и логика тут ни при чем. Все зависит от случая. Кого посадили, тот сидит, а кого не посадили, тот гуляет, вот и все. В том, что я доктор, а вы душевнобольной, нет ни нравственности, ни логики, а одна только пустая случайность.

— Этой ерунды я не понимаю... — глухо проговорил Иван Дмитрич и сел на свою кровать.

Мойсейка, которого Никита постеснялся обыскивать в присутствии доктора, разложил у себя на постели кусочки хлеба, бумажки и косточки и, все еще дрожа от холода, что-то быстро и певуче заговорил по-еврейски. Вероятно, он вообразил, что открыл лавочку.

— Отпустите меня, — сказал Иван Дмитрич, и голос его дрогнул.

"I cannot."

"But why, why?"

"Because it is not in my power. Think, what use will it be to you if I do let you out? Go. The townspeople or the police will detain you or bring you back."

"Yes, yes, that's true," said Ivan Dmitritch, and he rubbed his forehead. "It's awful! But what am I to do, what?"

Andrey Yefimitch liked Ivan Dmitritch's voice and his intelligent young face with its grimaces. He longed to be kind to the young man and soothe him; he sat down on the bed beside him, thought, and said:

"You ask me what to do. The very best thing in your position would be to run away. But, unhappily, that is useless. You would be taken up. When society protects itself from the criminal, mentally deranged, or otherwise inconvenient people, it is invincible. There is only one thing left for you: to resign yourself to the thought that your presence here is inevitable."

"It is no use to anyone."

— Не могу.

— Но почему же? Почему?

— Потому что это не в моей власти. Посудите, какая польза вам оттого, если я отпущу вас? Идите. Вас задержат горожане или полиция и вернут назад.

— Да, да, это правда... — проговорил Иван Дмитрич и потер себе лоб. — Это ужасно! Но что же мне делать? Что?

Голос Ивана Дмитрича и его молодое умное лицо с гримасами понравились Андрею Ефимычу. Ему захотелось приласкать молодого человека и успокоить его. Он сел рядом с ним на постель, подумал и сказал:

— Вы спрашиваете, что делать? Самое лучшее в вашем положении — бежать отсюда. Но, к сожалению, это бесполезно. Вас задержат. Когда общество ограждает себя от преступников, психических больных и вообще неудобных людей, то оно непобедимо. Вам остается одно: успокоиться на мысли, что ваше пребывание здесь необходимо.

— Никому оно не нужно.

"So long as prisons and madhouses exist someone must be shut up in them. If not you, I. If not I, some third person. Wait till in the distant future prisons and madhouses no longer exist, and there will be neither bars on the windows nor hospital gowns. Of course, that time will come sooner or later."

Ivan Dmitritch smiled ironically.

"You are jesting," he said, screwing up his eyes. "Such gentlemen as you and your assistant Nikita have nothing to do with the future, but you may be sure, sir, better days will come! I may express myself cheaply, you may laugh, but the dawn of a new life is at hand; truth and justice will triumph, and — our turn will come! I shall not live to see it, I shall perish, but some people's great-grandsons will see it. I greet them with all my heart and rejoice, rejoice with them! Onward! God be your help, friends!"

With shining eyes Ivan Dmitritch got up, and stretching his hands towards the window, went on with emotion in his voice:

"From behind these bars I bless you! Hurrah for truth and justice! I rejoice!"

— Раз существуют тюрьмы и сумасшедшие дома, то должен же кто-нибудь сидеть в них. Не вы — так я, не я — так кто-нибудь третий. Погодите, когда в далеком будущем закончат свое существование тюрьмы и сумасшедшие дома, то не будет ни решеток на окнах, ни халатов. Конечно, такое время рано или поздно настанет.

Иван Дмитрич насмешливо улыбнулся.

— Вы шутите, — сказал он, щуря глаза. — Таким господам, как вы и ваш помощник Никита, нет никакого дела до будущего, но можете быть уверены, милостивый государь, настанут лучшие времена! Пусть я выражаюсь пошло, смейтесь, но воссияет заря новой жизни, восторжествует правда, и на нашей улице будет праздник! Я не дождусь, издохну, но зато чьи-нибудь правнуки дождутся. Приветствую их от всей души и радуюсь, радуюсь за них! Вперед! Помогай вам бог, друзья!

Иван Дмитрич с блестящими глазами поднялся и, протягивая руки к окну, продолжал с волнением в голосе:

— Из-за этих решеток благословляю вас! Да здравствует правда! Радуюсь!

"I see no particular reason to rejoice," said Andrey Yefimitch, who thought Ivan Dmitritch's movement theatrical, though he was delighted by it. "Prisons and madhouses there will not be, and truth, as you have just expressed it, will triumph; but the reality of things, you know, will not change, the laws of nature will still remain the same. People will suffer pain, grow old, and die just as they do now. However magnificent a dawn lighted up your life, you would yet in the end be nailed up in a coffin and thrown into a hole."

"And immortality?"

"Oh, come, now!"

"You don't believe in it, but I do. Somebody in Dostoevsky or Voltaire said that if there had not been a God men would have invented him. And I firmly believe that if there is no immortality the great intellect of man will sooner or later invent it."

"Well said," observed Andrey Yefimitch, smiling with pleasure; its a good thing you have faith. With such a belief one may live happily even shut up within walls. You have studied somewhere, I presume?"

— Я не нахожу особенной причины радоваться, — сказал Андрей Ефимыч, которому движение Ивана Дмитрича показалось театральным и в то же время очень понравилось. — Тюрем и сумасшедших домов не будет, и правда, как вы изволили выразиться, восторжествует, но ведь сущность вещей не изменится, законы природы останутся все те же. Люди будут болеть, стариться и умирать так же, как и теперь. Какая бы великолепная заря ни освещала вашу жизнь, все же в конце концов вас заколотят в гроб и бросят в яму.

— А бессмертие?

— Э, полноте!

— Вы не верите, ну, а я верю. У Достоевского или у Вольтера кто-то говорит, что если бы не было бога, то его выдумали бы люди. А я глубоко верю, что если нет бессмертия, то его рано или поздно изобретет великий человеческий ум.

— Хорошо сказано, — проговорил Андрей Ефимыч, улыбаясь от удовольствия. — Это хорошо, что вы веруете. С такой верой можно жить припеваючи даже замуравленному в стене. Вы изволили где-нибудь получить образование?

"Yes, I have been at the university, but did not complete my studies."

"You are a reflecting and a thoughtful man. In any surroundings you can find tranquillity in yourself. Free and deep thinking which strives for the comprehension of life, and complete contempt for the foolish bustle of the world — those are two blessings beyond any that man has ever known. And you can possess them even though you lived behind threefold bars. Diogenes lived in a tub, yet he was happier than all the kings of the earth."

"Your Diogenes was a blockhead," said Ivan Dmitritch morosely. "Why do you talk to me about Diogenes and some foolish comprehension of life?" he cried, growing suddenly angry and leaping up. "I love life; I love it passionately. I have the mania of persecution, a continual agonizing terror; but I have moments when I am overwhelmed by the thirst for life, and then I am afraid of going mad. I want dreadfully to live, dreadfully!"

He walked up and down the ward in agitation, and said, dropping his voice:

— Да, я был в университете, но не кончил.

— Вы мыслящий и вдумчивый человек. При всякой обстановке вы можете находить успокоение в самом себе. Свободное и глубокое мышление, которое стремится к уразумению жизни, и полное презрение к глупой суете мира — вот два блага, выше которых никогда не знал человек. И вы можете обладать ими, хотя бы вы жили за тремя решетками. Диоген жил в бочке, однако же был счастливее всех царей земных.

— Ваш Диоген был болван, — угрюмо проговорил Иван Дмитрич. — Что вы мне говорите про Диогена да про какое-то уразумение? — рассердился он вдруг и вскочил. — Я люблю жизнь, люблю страстно! У меня мания преследования, постоянный мучительный страх, но бывают минуты, когда меня охватывает жажда жизни, и тогда я боюсь сойти с ума. Ужасно хочу жить, ужасно!

Он в волнении прошелся по палате и сказал, понизив голос:

"When I dream I am haunted by phantoms. People come to me, I hear voices and music, and I fancy I am walking through woods or by the seashore, and I long so passionately for movement, for interests … Come, tell me, what news is there?" asked Ivan Dmitritch; "what's happening?"

"Do you wish to know about the town or in general?"

"Well, tell me first about the town, and then in general."

"Well, in the town it is appallingly dull… There's no one to say a word to, no one to listen to. There are no new people. A young doctor called Hobotov has come here recently."

"He had come in my time. Well, he is a low cad, isn't he?"

"Yes, he is a man of no culture. It's strange, you know… Judging by every sign, there is no intellectual stagnation in our capital cities; there is a movement — so there must be real people there too; but for some reason they always send us such men as I would rather not see. It's an unlucky town!"

"Yes, it is an unlucky town," sighed Ivan Dmitritch, and he laughed. "And how are things in general? What are they writing in the papers and reviews?"

— Когда я мечтаю, меня посещают призраки. Ко мне ходят какие-то люди, я слышу голоса, музыку, и кажется мне, что я гуляю по каким-то лесам, по берегу моря, и мне так страстно хочется суеты, заботы... Скажите мне, ну что там нового? — спросил Иван Дмитрич. — Что там?

— Вы про город желаете знать или вообще?

— Ну, сначала расскажите мне про город, а потом вообще.

— Что ж? В городе томительно скучно... Не с кем слова сказать, некого послушать. Новых людей нет. Впрочем, приехал недавно молодой врач Хоботов.

— Он еще при мне приехал. Что, хам?

— Да, некультурный человек. Странно, знаете ли... Судя по всему, в наших столицах нет умственного застоя, есть движение, — значит, должны быть там и настоящие люди, но почему-то всякий раз оттуда присылают к нам таких людей, что не глядел бы. Несчастный город!

— Да, несчастный город! — вздохнул Иван Дмитрич и засмеялся. — А вообще как? Что пишут в газетах и журналах?

It was by now dark in the ward. The doctor got up, and, standing, began to describe what was being written abroad and in Russia, and the tendency of thought that could be noticed now. Ivan Dmitritch listened attentively and put questions, but suddenly, as though recalling something terrible, clutched at his head and lay down on the bed with his back to the doctor.

"What's the matter?" asked Andrey Yefimitch.

"You will not hear another word from me," said Ivan Dmitritch rudely. "Leave me alone."

"Why so?"

"I tell you, leave me alone. Why the devil do you persist?"

Andrey Yefimitch shrugged his shoulders, heaved a sigh, and went out. As he crossed the entry he said:

"What about clearing up here, Nikita ... there's an awfully stuffy smell."

"Certainly, your honour."

В палате было уже темно. Доктор поднялся и стоя начал рассказывать, что пишут за границей и в России и какое замечается теперь направление мысли. Иван Дмитрич внимательно слушал и задавал вопросы, но вдруг, точно вспомнив что-то ужасное, схватил себя за голову и лег на постель, спиной к доктору.

— Что с вами? — спросил Андрей Ефимыч.

— Вы от меня не услышите больше ни одного слова! — грубо проговорил Иван Дмитрич. — Оставьте меня.

— Отчего же?

— Говорю вам: оставьте! Какого дьявола?

Андрей Ефимыч пожал плечами, вздохнул и вышел. Проходя через сени, он сказал:

— Как бы здесь убрать, Никита... Ужасно тяжелый запах!

— Слушаю, ваше высокоблагородие.

"What an agreeable young man!" thought Andrey Yefimitch, going back to his flat. "In all the years I have been living here I do believe he is the first I have met with whom one can talk. He is capable of reasoning and is interested in just the right things."

While he was reading, and afterwards, while he was going to bed, he kept thinking about Ivan Dmitritch, and when he woke next morning he remembered that he had the day before made the acquaintance of an intelligent and interesting man, and determined to visit him again as soon as possible.

X

Ivan Dmitritch was lying in the same position as on the previous day, with his head clutched in both hands and his legs drawn up. His face was not visible.

"Good-day, my friend," said Andrey Yefimitch. "You are not asleep, are you?"

"In the first place, I am not your friend," Ivan Dmitritch articulated into the pillow; "and in the second, your efforts are useless; you will not get one word out of me."

"Какой приятный молодой человек! — думал Андрей Ефимыч, идя к себе на квартиру. — За все время, пока я тут живу, это, кажется, первый, с которым можно поговорить. Он умеет рассуждать и интересуется именно тем, чем нужно".

Читая и потом ложась спать, он все время думал об Иване Дмитриче, а проснувшись на другой день утром, вспомнил, что вчера познакомился с умным и интересным человеком, и решил сходить к нему еще раз при первой возможности.

X

Иван Дмитрич лежал в такой же позе, как вчера, обхватив голову руками и поджав ноги. Лица его не было видно.

— Здравствуйте, мой друг, — сказал Андрей Ефимыч. — Вы не спите?

— Во-первых, я вам не друг, — проговорил Иван Дмитрич в подушку, — а во-вторых, вы напрасно хлопочете: вы не добьетесь от меня ни одного слова.

"Strange," muttered Andrey Yefimitch in confusion. "Yesterday we talked peacefully, but suddenly for some reason you took offence and broke off all at once... Probably I expressed myself awkwardly, or perhaps gave utterance to some idea which did not fit in with your convictions..."

"Yes, a likely idea!" said Ivan Dmitritch, sitting up and looking at the doctor with irony and uneasiness. His eyes were red. "You can go and spy and probe somewhere else, it's no use your doing it here. I knew yesterday what you had come for."

"A strange fancy," laughed the doctor. "So you suppose me to be a spy?"

"Yes, I do... A spy or a doctor who has been charged to test me — it's all the same — "

"Oh excuse me, what a queer fellow you are really!"

The doctor sat down on the stool near the bed and shook his head reproachfully.

— Странно... — пробормотал Андрей Ефимыч в смущении. — Вчера мы беседовали так мирно, но вдруг вы почему-то обиделись и сразу оборвали... Вероятно, я выразился как-нибудь неловко или, быть может, высказал мысль, не согласную с вашими убеждениями...

— Да, так я вам и поверю! — сказал Иван Дмитрич, приподнимаясь и глядя на доктора насмешливо и с тревогой; глаза у него были красны. — Можете идти шпионить и пытать в другое место, а тут вам нечего делать. Я еще вчера понял, зачем вы приходили.

— Странная фантазия! — усмехнулся доктор. — Значит, вы полагаете, что я шпион?

— Да, полагаю... Шпион или доктор, к которому положили меня на испытание, — это все равно.

— Ах, какой вы, право, извините... чудак!

Доктор сел на табурет возле постели и укоризненно покачал головой.

"But let us suppose you are right," he said, "let us suppose that I am treacherously trying to trap you into saying something so as to betray you to the police. You would be arrested and then tried. But would you be any worse off being tried and in prison than you are here? If you are banished to a settlement, or even sent to penal servitude, would it be worse than being shut up in this ward? I imagine it would be no worse… What, then, are you afraid of?"

These words evidently had an effect on Ivan Dmitritch. He sat down quietly.

It was between four and five in the afternoon — the time when Andrey Yefimitch usually walked up and down his rooms, and Daryushka asked whether it was not time for his beer. It was a still, bright day.

"I came out for a walk after dinner, and here I have come, as you see," said the doctor. "It is quite spring."

"What month is it? March?" asked Ivan Dmitritch.

"Yes, the end of March."

"Is it very muddy?"

"No, not very. There are already paths in the garden."

— Но допустим, что вы правы, — сказал он. — Допустим, что я предательски ловлю вас на слове, чтобы выдать полиции. Вас арестуют и потом судят. Но разве в суде и в тюрьме вам будет хуже, чем здесь? А если сошлют на поселение и даже на каторгу, то разве это хуже, чем сидеть в этом флигеле? Полагаю, не хуже... Чего же бояться?

Видимо, эти слова подействовали на Ивана Дмитрича. Он покойно сел.

Был пятый час вечера — время, когда обыкновенно Андрей Ефимыч ходит у себя по комнатам и Дарьюшка спрашивает его, не пора ли ему пиво пить, на дворе была тихая, ясная погода.

— А я после обеда вышел прогуляться, да вот и зашел, как видите, — сказал доктор. — Совсем весна.

— Теперь какой месяц? Март? — спросил Иван Дмитрич.

— Да, конец марта.

— Грязно на дворе?

— Нет, не очень. В саду уже тропинки.

"It would be nice now to drive in an open carriage somewhere into the country," said Ivan Dmitritch, rubbing his red eyes as though he were just awake, "then to come home to a warm, snug study, and … and to have a decent doctor to cure one's headache… It's so long since I have lived like a human being. It's disgusting here! Insufferably disgusting!"

After his excitement of the previous day he was exhausted and listless, and spoke unwillingly. His fingers twitched, and from his face it could be seen that he had a splitting headache.

"There is no real difference between a warm, snug study and this ward," said Andrey Yefimitch. "A man's peace and contentment do not lie outside a man, but in himself."

"What do you mean?"

"The ordinary man looks for good and evil in external things — that is, in carriages, in studies — but a thinking man looks for it in himself."

"You should go and preach that philosophy in Greece, where it's warm and fragrant with the scent of pomegranates, but here it is not suited to the climate. With whom was it I was talking of Diogenes? Was it with you?"

"Yes, with me yesterday."

— Теперь бы хорошо проехаться в коляске куда-нибудь за город, — сказал Иван Дмитрич, потирая свои красные глаза, точно спросонок, — потом вернуться бы домой в теплый, уютный кабинет и... полечиться у порядочного доктора от головной боли... Давно уже я не жил по-человечески. А здесь гадко! Нестерпимо гадко!

После вчерашнего возбуждения он был утомлен и вял и говорил неохотно. Пальцы у него дрожали, и по лицу видно было, что у него сильно болела голова.

— Между теплым, уютным кабинетом и этою палатой нет никакой разницы, — сказал Андрей Ефимыч. — Покой и довольство человека не вне его, а в нем самом.

— То есть как?

— Обыкновенный человек ждет хорошего или дурного извне, то есть от коляски и кабинета, а мыслящий от самого себя.

— Идите проповедуйте эту философию в Греции, где тепло и пахнет померанцем, а здесь она не по климату. С кем это я говорил о Диогене? С вами, что ли?

— Да, вчера со мной.

"Diogenes did not need a study or a warm habitation; it's hot there without. You can lie in your tub and eat oranges and olives. But bring him to Russia to live: he'd be begging to be let indoors in May, let alone December. He'd be doubled up with the cold."

"No. One can be insensible to cold as to every other pain. Marcus Aurelius says: 'A pain is a vivid idea of pain; make an effort of will to change that idea, dismiss it, cease to complain, and the pain will disappear.' That is true. The wise man, or simply the reflecting, thoughtful man, is distinguished precisely by his contempt for suffering; he is always contented and surprised at nothing."

"Then I am an idiot, since I suffer and am discontented and surprised at the baseness of mankind."

"You are wrong in that; if you will reflect more on the subject you will understand how insignificant is all that external world that agitates us. One must strive for the comprehension of life, and in that is true happiness."

— Диоген не нуждался в кабинете и в теплом помещении; там и без того жарко. Лежи себе в бочке да кушай апельсины и оливки. А доведись ему в России жить, так он не то что в декабре, а в мае запросился бы в комнату. Небось скрючило бы от холода.

— Нет. Холод, как и вообще всякую боль, можно не чувствовать. Марк Аврелий сказал: "Боль есть живое представление о боли: сделай усилие воли, чтоб изменить это представление, откинь его, перестань жаловаться, и боль исчезнет". Это справедливо. Мудрец или попросту мыслящий, вдумчивый человек отличается именно тем, что презирает страдание; он всегда доволен и ничему не удивляется.

— Значит, я идиот, так как я страдаю, недоволен и удивляюсь человеческой подлости.

— Это вы напрасно. Если вы почаще будете вдумываться, то вы поймете, как ничтожно все то внешнее, что волнует нас. Нужно стремиться к уразумению жизни, в нем — истинное благо.

"Comprehension …" repeated Ivan Dmitritch frowning. "External, internal… Excuse me, but I don t understand it. I only know," he said, getting up and looking angrily at the doctor — "I only know that God has created me of warm blood and nerves, yes, indeed! If organic tissue is capable of life it must react to every stimulus. And I do! To pain I respond with tears and outcries, to baseness with indignation, to filth with loathing. To my mind, that is just what is called life. The lower the organism, the less sensitive it is, and the more feebly it reacts to stimulus; and the higher it is, the more responsively and vigorously it reacts to reality. How is it you don't know that? A doctor, and not know such trifles! To despise suffering, to be always contented, and to be surprised at nothing, one must reach this condition" — and Ivan Dmitritch pointed to the peasant who was a mass of fat — "or to harden oneself by suffering to such a point that one loses all sensibility to it — that is, in other words, to cease to live. You must excuse me, I am not a sage or a philosopher," Ivan Dmitritch continued with irritation, "and I don't understand anything about it. I am not capable of reasoning."

"On the contrary, your reasoning is excellent."

— Уразумение... — поморщился Иван Дмитрич. — Внешнее, внутреннее... Извините, я этого не понимаю. Я знаю только, — сказал он, вставая и сердито глядя на доктора, — я знаю, что бог создал меня из теплой крови и нервов, да-с! А органическая ткань, если она жизнеспособна, должна реагировать на всякое раздражение. И я реагирую! На боль я отвечаю криком и слезами, на подлость — негодованием, на мерзость — отвращением. По-моему, это, собственно, и называется жизнью. Чем ниже организм, тем он менее чувствителен и тем слабее отвечает на раздражение, и чем выше, тем он восприимчивее и энергичнее реагирует на действительность. Как не знать этого? Доктор, а не знает таких пустяков! Чтобы презирать страдание, быть всегда довольным и ничему не удивляться, нужно дойти вот до этакого состояния, — и Иван Дмитрич указал на толстого, заплывшего жиром мужика, — или же закалить себя страданиями до такой степени, чтобы потерять всякую чувствительность к ним, то есть, другими словами, перестать жить. Извините, я не мудрец и не философ, — продолжал Иван Дмитрич с раздражением, — и ничего я в этом не понимаю. И не и состоянии рассуждать.

— Напротив, вы прекрасно рассуждаете.

"The Stoics, whom you are parodying, were remarkable people, but their doctrine crystallized two thousand years ago and has not advanced, and will not advance, an inch forward, since it is not practical or living. It had a success only with the minority which spends its life in savouring all sorts of theories and ruminating over them; the majority did not understand it. A doctrine which advocates indifference to wealth and to the comforts of life, and a contempt for suffering and death, is quite unintelligible to the vast majority of men, since that majority has never known wealth or the comforts of life; and to despise suffering would mean to it despising life itself, since the whole existence of man is made up of the sensations of hunger, cold, injury, and a Hamlet-like dread of death. The whole of life lies in these sensations; one may be oppressed by it, one may hate it, but one cannot despise it. Yes, so, I repeat, the doctrine of the Stoics can never have a future; from the beginning of time up to to-day you see continually increasing the struggle, the sensibility to pain, the capacity of responding to stimulus."

Ivan Dmitritch suddenly lost the thread of his thoughts, stopped, and rubbed his forehead with vexation.

— Стоики, которых вы пародируете, были замечательные люди, но учение их застыло еще две тысячи лет назад и ни капли не подвинулось вперед и не будет двигаться, так как оно не практично и не жизненно. Оно имело успех только у меньшинства, которое проводит свою жизнь в штудировании и смаковании всяких учений, большинство же не понимало его. Учение, проповедующее равнодушие к богатству, удобствам жизни, презрение к страданиям и смерти, совсем непонятно для громадного большинства, так как это большинство никогда не знало ни богатства, ни удобств в жизни; а презирать страдания значило бы для него презирать самую жизнь, так как все существо человека состоит из ощущений голода, холода, обид, потерь и гамлетовского страха перед смертью. В этих ощущениях вся жизнь: ею можно тяготиться, ненавидеть ее, но не презирать. Да, так, повторяю, учение стоиков никогда не может иметь будущности, прогрессируют же, как видите, от начала века, и сегодня борьба, чуткость к боли, способность отвечать на раздражение...

Иван Дмитрич вдруг потерял нить мыслей, остановился и досадливо потер лоб.

"I meant to say something important, but I have lost it," he said. "What was I saying? Oh, yes! This is what I mean: one of the Stoics sold himself into slavery to redeem his neighbour, so, you see, even a Stoic did react to stimulus, since, for such a generous act as the destruction of oneself for the sake of one's neighbour, he must have had a soul capable of pity and indignation. Here in prison I have forgotten everything I have learned, or else I could have recalled something else. Take Christ, for instance: Christ responded to reality by weeping, smiling, being sorrowful and moved to wrath, even overcome by misery. He did not go to meet His sufferings with a smile, He did not despise death, but prayed in the Garden of Gethsemane that this cup might pass Him by."

Ivan Dmitritch laughed and sat down.

"Granted that a man's peace and contentment lie not outside but in himself," he said, "granted that one must despise suffering and not be surprised at anything, yet on what ground do you preach the theory? Are you a sage? A philosopher?"

"No, I am not a philosopher, but everyone ought to preach it because it is reasonable."

— Хотел сказать что-то важное, да сбился, — сказал он. — О чем я? Да! Так вот я и говорю: кто-то из стоиков продал себя в рабство затем, чтобы выкупить своего ближнего. Вот видите, значит, и стоик реагировал на раздражение, так как для такого великодушного акта, как уничтожение себя ради ближнего, нужна возмущенная, сострадающая душа. Я забыл тут в тюрьме все, что учил, а то бы еще что-нибудь вспомнил. А Христа взять? Христос отвечал на действительность тем, что плакал, улыбался, печалился, гневался, даже тосковал; он не с улыбкой шел навстречу страданиям и не презирал смерть, а молился в саду Гефсиманском, чтобы его миновала чаша сия.

Иван Дмитрич засмеялся и сел.

— Положим, покой и довольство человека не вне его, а в нем самом, — сказал он. — Положим, нужно презирать страдания, ничему не удивляться. Но вы-то на каком основании проповедуете это? Вы мудрец? Философ?

— Нет, я не философ, но проповедовать это должен каждый, потому что это разумно.

"No, I want to know how it is that you consider yourself competent to judge of 'comprehension,' contempt for suffering, and so on. Have you ever suffered? Have you any idea of suffering? Allow me to ask you, were you ever thrashed in your childhood?"

"No, my parents had an aversion for corporal punishment."

"My father used to flog me cruelly; my father was a harsh, sickly Government clerk with a long nose and a yellow neck. But let us talk of you. No one has laid a finger on you all your life, no one has scared you nor beaten you; you are as strong as a bull. You grew up under your father's wing and studied at his expense, and then you dropped at once into a sinecure. For more than twenty years you have lived rent free with heating, lighting, and service all provided, and had the right to work how you pleased and as much as you pleased, even to do nothing. You were naturally a flabby, lazy man, and so you have tried to arrange your life so that nothing should disturb you or make you move.

— Нет, я хочу знать, почему вы в деле уразумения, презрения к страданиям и прочее считаете себя компетентным? Разве вы страдали когда-нибудь? Вы имеете понятие о страданиях? Позвольте: вас в детстве секли?

— Нет, мои родители питали отвращение к телесным наказаниям.

— А меня отец порол жестоко. Мой отец был крутой, геморроидальный чиновник, с длинным носом и желтою шеей. Но будем говорить о вас. Во всю вашу жизнь до вас никто не дотронулся пальцем, никто вас не запугивал, не забивал; здоровы вы, как бык. Росли вы под крылышком отца и учились на его счет, а потом сразу захватили синекуру. Больше двадцати лет вы жили на бесплатной квартире, с отоплением, с освещением, с прислугой, имея притом право работать, как и сколько вам угодно, хоть ничего не делать. От природы вы человек ленивый, рыхлый и потому старались складывать свою жизнь так, чтобы вас ничто но беспокоило и не двигало с места.

You have handed over your work to the assistant and the rest of the rabble while you sit in peace and warmth, save money, read, amuse yourself with reflections, with all sorts of lofty nonsense, and (Ivan Dmitritch looked at the doctor's red nose) with boozing; in fact, you have seen nothing of life, you know absolutely nothing of it, and are only theoretically acquainted with reality; you despise suffering and are surprised at nothing for a very simple reason: vanity of vanities, the external and the internal, contempt for life, for suffering and for death, comprehension, true happiness — that's the philosophy that suits the Russian sluggard best. You see a peasant beating his wife, for instance. Why interfere? Let him beat her, they will both die sooner or later, anyway; and, besides, he who beats injures by his blows, not the person he is beating, but himself. To get drunk is stupid and unseemly, but if you drink you die, and if you don't drink you die. A peasant woman comes with toothache … well, what of it? Pain is the idea of pain, and besides 'there is no living in this world without illness; we shall all die, and so, go away, woman, don't hinder me from thinking and drinking vodka.' A young man asks advice, what he is to do, how he is to live; anyone else would think before answering, but you have got the answer ready: strive for 'comprehension' or for true happiness.

Дела вы сдали фельдшеру и прочей сволочи, а сами сидели в тепле да в тишине, копили деньги, книжки почитывали, услаждали себя размышлениями о разной возвышенной чепухе и (Иван Дмитрич посмотрел на красный нос доктора) выпивахом. Одним словом, жизни вы не видели, не знаете ее совершенно, а с действительностью знакомы только теоретически. А презираете вы страдания и ничему не удивляетесь по очень простой причине: суетасует, внешнее и внутреннее, презрение к жизни, страданиям и смерти, уразумение, истинное благо — все это философия, самая подходящая для российского лежебока. Видите вы, например, как мужик бьет жену. Зачем вступаться? Пускай бьет, все равно оба помрут рано или поздно; и бьющий к тому же оскорбляет побоями не того, кого бьет, а самого себя. Пьянствовать глупо, неприлично, но пить — умирать, и не пить — умирать. Приходит баба, зубы болят... Ну, что ж? Боль есть представление о боли и к тому же без болезней не проживешь на этом свете, все помрем, а потому ступай, баба, прочь, не мешай мне мыслить и водку пить. Молодой человек просит совета, что делать, как жить; прежде чем ответить, другой бы задумался, а тут уж готов ответ: стремись к уразумению или к истинному благу.

And what is that fantastic 'true happiness'? There's no answer, of course. We are kept here behind barred windows, tortured, left to rot; but that is very good and reasonable, because there is no difference at all between this ward and a warm, snug study. A convenient philosophy. You can do nothing, and your conscience is clear, and you feel you are wise … No, sir, it is not philosophy, it's not thinking, it's not breadth of vision, but laziness, fakirism, drowsy stupefaction. Yes," cried Ivan Dmitritch, getting angry again, "you despise suffering, but I'll be bound if you pinch your finger in the door you will howl at the top of your voice."

"And perhaps I shouldn't howl," said Andrey Yefimitch, with a gentle smile.

"Oh, I dare say! Well, if you had a stroke of paralysis, or supposing some fool or bully took advantage of his position and rank to insult you in public, and if you knew he could do it with impunity, then you would understand what it means to put people off with comprehension and true happiness."

А что такое это фантастическое "истинное благо"? Ответа нет, конечно. Нас держат здесь за решеткой, гноят, истязуют, но это прекрасно и разумно, потому что между этою палатой и теплым, уютным кабинетом нет никакой разницы. Удобная философия: и делать нечего, и совесть чиста, и мудрецом себя чувствуешь... Нет, сударь, это не философия, не мышление, не широта взгляда, а лень, факирство, сонная одурь... Да!
— опять рассердился Иван Дмитрич. — Страдание презираете, а небось прищеми вам дверью палец, так заорете во все горло!

— А может, и не заору, — сказал Андрей Ефимыч, кротко улыбаясь.

— Да, как же! А вот если бы вас трахнул паралич или, положим, какой-нибудь дурак и наглец, пользуясь своим положением и чином, оскорбил вас публично и вы знали бы, что это пройдет ему безнаказанно, — ну, тогда бы вы поняли, как это отсылать других к уразумению и истинному благу.

"That's original," said Andrey Yefimitch, laughing with pleasure and rubbing his hands. "I am agreeably struck by your inclination for drawing generalizations, and the sketch of my character you have just drawn is simply brilliant. I must confess that talking to you gives me great pleasure. Well, I've listened to you, and now you must graciously listen to me."

XI

The conversation went on for about an hour longer, and apparently made a deep impression on Andrey Yefimitch. He began going to the ward every day. He went there in the mornings and after dinner, and often the dusk of evening found him in conversation with Ivan Dmitritch. At first Ivan Dmitritch held aloof from him, suspected him of evil designs, and openly expressed his hostility. But afterwards he got used to him, and his abrupt manner changed to one of condescending irony.

— Это оригинально, — сказал Андрей Ефимыч, смеясь от удовольствия и потирая руки. — Меня приятно поражает в вас склонность к обобщениям, а моя характеристика, которую вы только что изволили сделать, просто блестяща. Признаться, беседа с вами доставляет мне громадное удовольствие. Ну-с, я вас выслушал, теперь и вы благоволите выслушать меня...

XI

Этот разговор продолжался еще около часа и, по-видимому, произвел на Андрея Ефимыча глубокое впечатление. Он стал ходить во флигель каждый день. Ходил он туда по утрам и после обеда, и часто вечерняя темнота заставала его в беседе с Иваном Дмитричем. В первое время Иван Дмитрич дичился его, подозревал в злом умысле и откровенно выражал свою неприязнь, потом же привык к нему и свое резкое обращение сменил на снисходительно-ироническое.

Soon it was all over the hospital that the doctor, Andrey Yefimitch, had taken to visiting Ward No. 6. No one — neither Sergey Sergevitch, nor Nikita, nor the nurses — could conceive why he went there, why he stayed there for hours together, what he was talking about, and why he did not write prescriptions. His actions seemed strange. Often Mihail Averyanitch did not find him at home, which had never happened in the past, and Daryushka was greatly perturbed, for the doctor drank his beer now at no definite time, and sometimes was even late for dinner.

One day — it was at the end of June — Dr. Hobotov went to see Andrey Yefimitch about something. Not finding him at home, he proceeded to look for him in the yard; there he was told that the old doctor had gone to see the mental patients. Going into the lodge and stopping in the entry, Hobotov heard the following conversation:

"We shall never agree, and you will not succeed in converting me to your faith," Ivan Dmitritch was saying irritably; "you are utterly ignorant of reality, and you have never known suffering, but have only like a leech fed beside the sufferings of others, while I have been in continual suffering from the day of my birth till to-day. For that reason, I tell you frankly, I consider myself superior to you and more competent in every respect. It's not for you to teach me."

Скоро по больнице разнесся слух, что доктор Андрей Ефимыч стал посещать палату N 6. Никто — ни фельдшер, ни Никита, ни сиделки не могли понять, зачем он ходил туда, зачем просиживал там по целым часам, о чем разговаривал и почему не прописывал рецептов. Поступки его казались странными. Михаил Аверьяныч часто не заставал его дома, чего раньше никогда не случалось, и Дарьюшка была очень смущена, так как доктор пил пиво уже не в определенное время и иногда даже запаздывал к обеду.

Однажды, это было уже в конце июня, доктор Хоботов пришел по какому-то делу к Андрею Ефимычу; не застав его дома, он отправился искать его по двору; тут ему сказали, что старый доктор пошел к душевнобольным. Войдя во флигель и остановившись в сенях, Хоботов услышал такой разговор:

— Мы никогда не споемся, и обратить меня в свою веру вам не удастся, — говорил Иван Дмитрич с раздражением. — С действительностью вы совершенно не знакомы, и никогда вы не страдали, а только, как пьявица, кормились около чужих страданий, я же страдал непрерывно со дня рождения до сегодня. Поэтому говорю откровенно: я считаю себя выше вас и компетентнее во всех отношениях. Не вам учить меня.

"I have absolutely no ambition to convert you to my faith," said Andrey Yefimitch gently, and with regret that the other refused to understand him. "And that is not what matters, my friend; what matters is not that you have suffered and I have not. Joy and suffering are passing; let us leave them, never mind them. What matters is that you and I think; we see in each other people who are capable of thinking and reasoning, and that is a common bond between us however different our views. If you knew, my friend, how sick I am of the universal senselessness, ineptitude, stupidity, and with what delight I always talk with you! You are an intelligent man, and I enjoyed your company."

Hobotov opened the door an inch and glanced into the ward; Ivan Dmitritch in his night-cap and the doctor Andrey Yefimitch were sitting side by side on the bed. The madman was grimacing, twitching, and convulsively wrapping himself in his gown, while the doctor sat motionless with bowed head, and his face was red and look helpless and sorrowful. Hobotov shrugged his shoulders, grinned, and glanced at Nikita. Nikita shrugged his shoulders too.

Next day Hobotov went to the lodge, accompanied by the assistant. Both stood in the entry and listened.

"I fancy our old man has gone clean off his chump!" said Hobotov as he came out of the lodge.

"Lord have mercy upon us sinners!" sighed the decorous Sergey Sergeyitch, scrupulously avoiding the puddles that he might not muddy his polished boots. "I must own, honoured Yevgeny Fyodoritch, I have been expecting it for a long time."

— А наш дед, кажется, совсем сдрейфил! — сказал Хоботов, выходя из флигеля.

— Господи, помилуй нас, грешных! — вздохнул благолепный Сергей Сергеич, старательно обходя лужицы, чтобы не запачкать своих ярко вычищенных сапогов. — Признаться, уважаемый Евгений Федорыч, я давно уже ожидал этого!

XII

XII

After this Andrey Yefimitch began to notice a mysterious air in all around him. The attendants, the nurses, and the patients looked at him inquisitively when they met him, and then whispered together. The superintendent's little daughter Masha, whom he liked to meet in the hospital garden, for some reason ran away from him now when he went up with a smile to stroke her on the head. The postmaster no longer said, "Perfectly true," as he listened to him, but in unaccountable confusion muttered, "Yes, yes, yes ..." and looked at him with a grieved and thoughtful expression; for some reason he took to advising his friend to give up vodka and beer, but as a man of delicate feeling he did not say this directly, but hinted it, telling him first about the commanding officer of his battalion, an excellent man, and then about the priest of the regiment, a capital fellow, both of whom drank and fell ill, but on giving up drinking completely regained their health. On two or three occasions Andrey Yefimitch was visited by his colleague Hobotov, who also advised him to give up spirituous liquors, and for no apparent reason recommended him to take bromide.

После этого Андрей Ефимыч стал замечать кругом какую-то таинственность. Мужики, сиделки и больные при встрече с ним вопросительно взглядывали на него и потом шептались. Девочка Маша, дочь смотрителя, которую он любил встречать в больничном саду, теперь, когда он с улыбкой подходил к ней, чтобы погладить ее по головке, почему-то убегала от него. Почтмейстер Михаил Аверьяныч, слушая его, уже не говорил: "Совершенно верно", а в непонятном смущении бормотал: "Да, да, да..." — и глядел на него задумчиво и печально; почему-то он стал советовать своему другу оставить водку и пиво, но при этом, как человек деликатный, говорил не прямо, а намеками, рассказывая то про одного батальонного командира, отличного человека, то про полкового священника, славного малого, которые пили и заболели, но, бросив пить, совершенно выздоровели. Два-три раза приходил к Андрею Ефимычу коллега Хоботов; он тоже советовал оставить спиртные напитки и без всякого видимого повода рекомендовал принимать бромистый калий.

In August Andrey Yefimitch got a letter from the mayor of the town asking him to come on very important business. On arriving at the town hall at the time fixed, Andrey Yefimitch found there the military commander, the superintendent of the district school, a member of the town council, Hobotov, and a plump, fair gentleman who was introduced to him as a doctor. This doctor, with a Polish surname difficult to pronounce, lived at a pedigree stud-farm twenty miles away, and was now on a visit to the town.

"There's something that concerns you," said the member of the town council, addressing Andrey Yefimitch after they had all greeted one another and sat down to the table. "Here Yevgeny Fyodoritch says that there is not room for the dispensary in the main building, and that it ought to be transferred to one of the lodges. That's of no consequence — of course it can be transferred, but the point is that the lodge wants doing up."

"Yes, it would have to be done up," said Andrey Yefimitch after a moment's thought. "If the corner lodge, for instance, were fitted up as a dispensary, I imagine it would cost at least five hundred roubles. An unproductive expenditure!"

Everyone was silent for a space.

В августе Андрей Ефимыч получил от городского головы письмо с просьбой пожаловать по очень важному делу. Придя в назначенное время в управу, Андрей Ефимыч застал там воинского начальника, штатного смотрителя уездного училища, члена управы Хоботова и еще какого-то полного белокурого господина, которого представили ему как доктора. Этот доктор, с польскою, трудно выговариваемою фамилией, жил в тридцати верстах от города, на конском заводе, и был теперь в городе проездом.

— Тут заявленьице по вашей части-с, — обратился член управы к Андрею Ефимычу после того, как все поздоровались и сели за стол. — Вот Евгений Федорыч говорят, что аптеке тесновато в главном корпусе и что ее надо бы перевести в один из флигелей. Оно, конечно, это ничего, перевести можно, но главная причина — флигель ремонта захочет.

— Да, без ремонта не обойтись, — сказал Андрей Ефимыч, подумав. — Если, например, угловой флигель приспособить для аптеки, то на это, полагаю, понадобится minimum рублей пятьсот. Расход непроизводительный.

Немного помолчали.

"I had the honour of submitting to you ten years ago," Andrey Yefimitch went on in a low voice, "that the hospital in its present form is a luxury for the town beyond its means. It was built in the forties, but things were different then. The town spends too much on unnecessary buildings and superfluous staff. I believe with a different system two model hospitals might be maintained for the same money."

"Well, let us have a different system, then!" the member of the town council said briskly.

"I have already had the honour of submitting to you that the medical department should be transferred to the supervision of the Zemstvo."

"Yes, transfer the money to the Zemstvo and they will steal it," laughed the fair-haired doctor.

"That's what it always comes to," the member of the council assented, and he also laughed.

Andrey Yefimitch looked with apathetic, lustreless eyes at the fair-haired doctor and said:

"One should be just."

— Я уже имелъ честь докладывать десять лет назад, — продолжал Андрей Ефимыч тихим голосом, — что эта больница в настоящем ее виде является для города роскошью не по средствам. Строилась она в сороковых годах, но ведь тогда были не те средства. Город слишком много затрачивает на ненужные постройки и лишние должности. Я думаю, на эти деньги можно было бы, при других порядках, содержать две образцовых больницы.

— Так вот и давайте заводить другие порядки! — живо сказал член управы.

— Я уже имелъ честь докладывать: передайте медицинскую часть в ведение земства.

— Да, передайте земству деньги, а оно украдет, — засмеялся белокурый доктор.

— Это как водится, — согласился член управы и тоже засмеялся.

Андрей Ефимыч вяло и тускло посмотрел на белокурого доктора и сказал:

— Надо быть справедливым.

Again there was silence. Tea was brought in. The military commander, for some reason much embarrassed, touched Andrey Yefimitch's hand across the table and said:

"You have quite forgotten us, doctor. But of course you are a hermit: you don't play cards and don't like women. You would be dull with fellows like us."

They all began saying how boring it was for a decent person to live in such a town. No theatre, no music, and at the last dance at the club there had been about twenty ladies and only two gentlemen. The young men did not dance, but spent all the time crowding round the refreshment bar or playing cards.

Not looking at anyone and speaking slowly in a low voice, Andrey Yefimitch began saying what a pity, what a terrible pity it was that the townspeople should waste their vital energy, their hearts, and their minds on cards and gossip, and should have neither the power nor the inclination to spend their time in interesting conversation and reading, and should refuse to take advantage of the enjoyments of the mind. The mind alone was interesting and worthy of attention, all the rest was low and petty. Hobotov listened to his colleague attentively and suddenly asked:

Опять помолчали. Подали чай. Воинский начальник, почему-то очень смущенный, через стол дотронулся до руки Андрея Ефимыча и сказал:

— Совсем вы нас забыли, доктор. Впрочем, вы монах: в карты не играете, женщин не любите. Скучно вам с нашим братом.

Все заговорили о том, как скучно порядочному человеку жить в этом городе. Ни театра, ни музыки, а на последнем танцевальном вечере в клубе было около двадцати дам и только два кавалера. Молодежь не танцует, а все время толпится около буфета или играет в карты.

Андрей Ефимыч медленно и тихо, ни на кого не глядя, стал говорить о том, как жаль, как глубоко жаль, что горожане тратят свою жизненную энергию, свое сердце и ум на карты и сплетни, а не умеют и не хотят проводить время в интересной беседе и в чтении, не хотят пользоваться наслаждениями, какие дает ум. Только один ум интересен и замечателен, все же остальное мелко и низменно. Хоботов внимательно слушал своего коллегу и вдруг спросил:

"Andrey Yefimitch, what day of the month is it?"

Having received an answer, the fair-haired doctor and he, in the tone of examiners conscious of their lack of skill, began asking Andrey Yefimitch what was the day of the week, how many days there were in the year, and whether it was true that there was a remarkable prophet living in Ward No. 6.

In response to the last question Andrey Yefimitch turned rather red and said:

"Yes, he is mentally deranged, but he is an interesting young man."

They asked him no other questions.

When he was putting on his overcoat in the entry, the military commander laid a hand on his shoulder and said with a sigh:

"It's time for us old fellows to rest!"

As he came out of the hall, Andrey Yefimitch understood that it had been a committee appointed to enquire into his mental condition. He recalled the questions that had been asked him, flushed crimson, and for some reason, for the first time in his life, felt bitterly grieved for medical science.

— Андрей Ефимыч, какое сегодня число?

Получив ответ, он и белокурый доктор тоном экзаменаторов, чувствующих свою неумелость, стали спрашивать у Андрея Ефимыча, какой сегодня день, сколько дней в году и правда ли, что в палате N 6 живет замечательный пророк.

В ответ на последний вопрос Андрей Ефимыч покраснел и сказал:

— Да, это больной, но интересный молодой человек.

Больше ему не задавали никаких вопросов.

Когда он в передней надевал пальто, воинский начальник положил руку ему на плечо и сказал со вздохом:

— Нам, старикам, на отдых пора!

Выйдя из управы, Андрей Ефимыч понял, что это была комиссия, назначенная для освидетельствования его умственных способностей. Он вспомнил вопросы, которые задавали ему, покраснел, и почему-то теперь первый раз в жизни ему стало горько жаль медицину.

"My God..." he thought, remembering how these doctors had just examined him; "why, they have only lately been hearing lectures on mental pathology; they had passed an examination — what's the explanation of this crass ignorance? They have not a conception of mental pathology!"

And for the first time in his life he felt insulted and moved to anger.

In the evening of the same day Mihail Averyanitch came to see him. The postmaster went up to him without waiting to greet him, took him by both hands, and said in an agitated voice:

"Боже мой, — думал он, вспоминая, как врачи только что исследовали его, — ведь они так недавно слушали психиатрию, держали экзамен, — откуда же это круглое невежество? Они понятия не имеют о психиатрии!"

И первый раз в жизни он почувствовал себя оскорбленным и рассерженным.

В тот же день вечером у него был Михаил Аверьяныч. Не здороваясь, почтмейстер подошел к нему, взял его за обе руки и сказал взволнованным голосом:

"My dear fellow, my dear friend, show me that you believe in my genuine affection and look on me as your friend!" And preventing Andrey Yefimitch from speaking, he went on, growing excited: "I love you for your culture and nobility of soul. Listen to me, my dear fellow. The rules of their profession compel the doctors to conceal the truth from you, but I blurt out the plain truth like a soldier. You are not well! Excuse me, my dear fellow, but it is the truth; everyone about you has been noticing it for a long time. Dr. Yevgeny Fyodoritch has just told me that it is essential for you to rest and distract your mind for the sake of your health. Perfectly true! Excellent! In a day or two I am taking a holiday and am going away for a sniff of a different atmosphere. Show that you are a friend to me, let us go together! Let us go for a jaunt as in the good old days."

"I feel perfectly well," said Andrey Yefimitch after a moment's thought. "I can't go away. Allow me to show you my friendship in some other way."

— Дорогой мой, друг мой, докажите мне, что вы верите в мое искреннее расположение и считаете меня своим другом... Друг мой! — и, мешая говорить Андрею Ефимычу, он продолжал, волнуясь: — Я люблю вас за образованность и благородство души. Слушайте меня, мой дорогой. Правила науки обязывают докторов скрывать от вас правду, но я по-военному режу правду-матку: вы нездоровы! Извините меня, мой дорогой, но это правда, это давно уже заметили все окружающие. Сейчас мне доктор Евгений Федорыч говорил, что для пользы вашего здоровья вам необходимо отдохнуть и развлечься. Совершенно верно! Превосходно! На сих днях я беру отпуск и уезжаю понюхать другого воздуха. Докажите же, что вы мне друг, поедем вместе! Поедем, тряхнем стариной.

— Я чувствую себя совершенно здоровым, — оказал Андрей Ефимыч, подумав. — Ехать же не могу. Позвольте мне как-нибудь иначе доказать вам свою дружбу.

To go off with no object, without his books, without his Daryushka, without his beer, to break abruptly through the routine of life, established for twenty years — the idea for the first minute struck him as wild and fantastic, but he remembered the conversation at the Zemstvo committee and the depressing feelings with which he had returned home, and the thought of a brief absence from the town in which stupid people looked on him as a madman was pleasant to him.

"And where precisely do you intend to go?" he asked.

"To Moscow, to Petersburg, to Warsaw... I spent the five happiest years of my life in Warsaw. What a marvellous town! Let us go, my dear fellow!"

Ехать куда-то, неизвестно зачем, без книг, без Дарьюшки, без пива, резко нарушить порядок жизни, установившийся за двадцать лет, — такая идея в первую минуту показалась ему дикою и фантастическою. Но он вспомнил разговор, бывший в управе, и тяжелое настроение, какое он испытал, возвращаясь из управы домой, и мысль уехать ненадолго из города, где глупые люди считают его сумасшедшим, улыбнулась ему.

— А вы, собственно, куда намерены ехать? — спросил он.

— В Москву, в Петербург, в Варшаву... В Варшаве я провел пять счастливейших лет моей жизни. Что за город изумительный! Едемте, дорогой мой!

A week later it was suggested to Andrey Yefimitch that he should have a rest — that is, send in his resignation — a suggestion he received with indifference, and a week later still, Mihail Averyanitch and he were sitting in a posting carriage driving to the nearest railway station. The days were cool and bright, with a blue sky and a transparent distance. They were two days driving the hundred and fifty miles to the railway station, and stayed two nights on the way. When at the posting station the glasses given them for their tea had not been properly washed, or the drivers were slow in harnessing the horses, Mihail Averyanitch would turn crimson, and quivering all over would shout:

"Hold your tongue! Don't argue!"

And in the carriage he talked without ceasing for a moment, describing his campaigns in the Caucasus and in Poland. What adventures he had had, what meetings! He talked loudly and opened his eyes so wide with wonder that he might well be thought to be lying. Moreover, as he talked he breathed in Andrey Yefimitch's face and laughed into his ear. This bothered the doctor and prevented him from thinking or concentrating his mind.

Через неделю Андрею Ефимычу предложили отдохнуть, то есть подать в отставку, к чему он отнесся равнодушно, а еще через неделю он и Михаил Аверьяныч уже сидели в почтовом тарантасе и ехали на ближайшую железнодорожную станцию. Дни были прохладные, ясные, с голубым небом и с прозрачною далью. Двести верст до станции проехали в двое суток и по пути два раза ночевали. Когда на почтовых станциях подавали к чаю дурно вымытые стаканы или долго запрягали лошадей, то Михаил Аверьяныч багровел, трясся всем телом и кричал:

"Замолчать! не рассуждать!"

А сидя в тарантасе, он, не переставая ни на минуту, рассказывал о своих поездках по Кавказу и Царству Польскому. Сколько было приключений, какие встречи! Он говорил громко и при этом делал такие удивленные глаза, что можно было подумать, что он лгал. Вдобавок, рассказывая, он дышал в лицо Андрею Ефимычу и хохотал ему в ухо. Это стесняло доктора и мешало ему думать и сосредоточиться.

In the train they travelled, from motives of economy, third-class in a non-smoking compartment. Half the passengers were decent people. Mihail Averyanitch soon made friends with everyone, and moving from one seat to another, kept saying loudly that they ought not to travel by these appalling lines. It was a regular swindle! A very different thing riding on a good horse: one could do over seventy miles a day and feel fresh and well after it. And our bad harvests were due to the draining of the Pinsk marshes; altogether, the way things were done was dreadful. He got excited, talked loudly, and would not let others speak. This endless chatter to the accompaniment of loud laughter and expressive gestures wearied Andrey Yefimitch.

"Which of us is the madman?" he thought with vexation. "I, who try not to disturb my fellow-passengers in any way, or this egoist who thinks that he is cleverer and more interesting than anyone here, and so will leave no one in peace?"

По железной дороге ехали из экономии в третьем классе, в вагоне для некурящих. Публика наполовину была чистая. Михаил Аверьяныч скоро со всеми перезнакомился и, переходя от скамьи к скамье, громко говорил, что не следует ездить по этим возмутительным дорогам. Кругом мошенничество! То ли дело верхом на коне: отмахаешь в один день сто верст и потом чувствуешь себя здоровым и свежим. А неурожаи у нас оттого, что осушили Пинские болота. Вообще беспорядки страшные. Он горячился, говорил громко и не давал говорить другим. Эта бесконечная болтовня вперемежку с громким хохотом и выразительными жестами утомила Андрея Ефимыча.

"Кто из нас обоих сумасшедший? — думал он с досадой. — Я ли, который стараюсь ничем не обеспокоить пассажиров, или этот эгоист, который думает, что он здесь умнее и интереснее всех, и оттого никому не дает покоя?"

In Moscow Mihail Averyanitch put on a military coat without epaulettes and trousers with red braid on them. He wore a military cap and overcoat in the street, and soldiers saluted him. It seemed to Andrey Yefimitch, now, that his companion was a man who had flung away all that was good and kept only what was bad of all the characteristics of a country gentleman that he had once possessed. He liked to be waited on even when it was quite unnecessary. The matches would be lying before him on the table, and he would see them and shout to the waiter to give him the matches; he did not hesitate to appear before a maidservant in nothing but his underclothes; he used the familiar mode of address to all footmen indiscriminately, even old men, and when he was angry called them fools and blockheads. This, Andrey Yefimitch thought, was like a gentleman, but disgusting.

First of all Mihail Averyanitch led his friend to the Iversky Madonna. He prayed fervently, shedding tears and bowing down to the earth, and when he had finished, heaved a deep sigh and said:

"Even though one does not believe it makes one somehow easier when one prays a little. Kiss the ikon, my dear fellow."

В Москве Михаил Аверьяныч надел военный сюртук без погонов и панталоны с красными кантами. На улице он ходил в военной фуражке и в шинели, и солдаты отдавали ему честь. Андрею Ефимычу теперь казалось, что это был человек, который из всего барского, которое у него когда-то было, промотал все хорошее и оставил себе одно только дурное. Он любил, чтоб ему услуживали, даже когда это было совершенно не нужно. Спички лежали перед ним на столе, и он их видел, но кричал человеку, чтобы тот подал ему спички: при горничной он не стеснялся ходить в одном нижнем белье: лакеям всем без разбора, даже старикам, говорил "ты" и, осердившись, величал их болванами и дураками. Это, как казалось Андрею Ефимычу, было барственно, но гадко.

Прежде всего Михаил Аверьяныч повел своего друга к Иверской. Он молился горячо, с земными поклонами и со слезами, и когда кончил, глубоко вздохнул и сказал:

— Хоть и не веришь, но оно как-то покойнее, когда помолишься. Приложитесь, голубчик.

Andrey Yefimitch was embarrassed and he kissed the image, while Mihail Averyanitch pursed up his lips and prayed in a whisper, shaking his head, and again tears came into his eyes. Then they went to the Kremlin and looked there at the Tsar-cannon and the Tsar-bell, and even touched them with their fingers, admired the view over the river, visited St. Saviour's and the Rumyantsev museum.

They dined at Tyestov's. Mihail Averyanitch looked a long time at the menu, stroking his whiskers, and said in the tone of a gourmand accustomed to dine in restaurants:

"We shall see what you give us to eat to-day, angel!"

Андрей Ефимыч сконфузился и приложился к образу, а Михаил Аверьяныч вытянул губы и, покачивая головой, помолился шепотом, и опять у него на глазах навернулись слезы. Затем пошли в Кремль и посмотрели там на Царь-пушку и Царь-колокол, и даже пальцами их потрогали, полюбовались видом на Замоскворечье, побывали в храме Спасителя и в Румянцевском музее.

Обедали они у Тестова. Михаил Аверьяныч долго смотрел в меню, разглаживая бакены, и сказал тоном гурмана, привыкшего чувствовать себя в ресторанах как дома:

— Посмотрим, чем вы нас сегодня покормите, ангел!

The doctor walked about, looked at things, ate and drank, but he had all the while one feeling: annoyance with Mihail Averyanitch. He longed to have a rest from his friend, to get away from him, to hide himself, while the friend thought it was his duty not to let the doctor move a step away from him, and to provide him with as many distractions as possible. When there was nothing to look at he entertained him with conversation. For two days Andrey Yefimitch endured it, but on the third he announced to his friend that he was ill and wanted to stay at home for the whole day; his friend replied that in that case he would stay too — that really he needed rest, for he was run off his legs already. Andrey Yefimitch lay on the sofa, with his face to the back, and clenching his teeth, listened to his friend, who assured him with heat that sooner or later France would certainly thrash Germany, that there were a great many scoundrels in Moscow, and that it was impossible to judge of a horse's quality by its outward appearance. The doctor began to have a buzzing in his ears and palpitations of the heart, but out of delicacy could not bring himself to beg his friend to go away or hold his tongue. Fortunately Mihail Averyanitch grew weary of sitting in the hotel room, and after dinner he went out for a walk.

Доктор ходил, смотрел, ел, пил, но чувство у него было одно: досада на Михаила Аверьяныча. Ему хотелось отдохнуть от друга, уйти от него, спрятаться, а друг считал своим долгом не отпускать его ни на шаг от себя и доставлять ему возможно больше развлечений. Когда не на что было смотреть, он развлекал его разговорами. Два дня терпел Андрей Ефимыч, но на третий объявил своему другу, что он болен и хочет остаться на весь день дома. Друг сказал, что в таком случае и он остается. В самом деле, надо отдохнуть, а то этак ног не хватит. Андрей Ефимыч лег на диван, лицом к спинке и, стиснув зубы, слушал своего друга, который горячо уверял его, что Франция рано или поздно непременно разобьет Германию, что в Москве очень много мошенников и что по наружному виду лошади нельзя судить о ее достоинствах. У доктора начались шум в ушах и сердцебиение, но попросить друга уйти или помолчать он из деликатности не решался. К счастью, Михаилу Аверьянычу наскучило сидеть в номере, и он после обеда ушел прогуляться.

As soon as he was alone Andrey Yefimitch abandoned himself to a feeling of relief. How pleasant to lie motionless on the sofa and to know that one is alone in the room! Real happiness is impossible without solitude. The fallen angel betrayed God probably because he longed for solitude, of which the angels know nothing. Andrey Yefimitch wanted to think about what he had seen and heard during the last few days, but he could not get Mihail Averyanitch out of his head.

"Why, he has taken a holiday and come with me out of friendship, out of generosity," thought the doctor with vexation; "nothing could be worse than this friendly supervision. I suppose he is good-natured and generous and a lively fellow, but he is a bore. An insufferable bore. In the same way there are people who never say anything but what is clever and good, yet one feels that they are dull-witted people."

For the following days Andrey Yefimitch declared himself ill and would not leave the hotel room; he lay with his face to the back of the sofa, and suffered agonies of weariness when his friend entertained him with conversation, or rested when his friend was absent. He was vexed with himself for having come, and with his friend, who grew every day more talkative and more free-and-easy; he could not succeed in attuning his thoughts to a serious and lofty level.

Оставшись один, Андрей Ефимыч предался чувству отдыха. Как приятно лежать неподвижно на диване и сознавать, что ты один в комнате! Истинное счастие невозможно без одиночества. Падший ангел изменил богу, вероятно, потому, что захотел одиночества, которого не знают ангелы. Андрей Ефимыч хотел думать о том, что он видел и слышал в последние дни, но Михаил Аверьяныч не выходил у него из головы.

"А ведь он взял отпуск и поехал со мной из дружбы, из великодушия, — думал доктор с досадой. — Хуже нет ничего, как эта дружеская опека. Ведь вот, кажется, и добр, и великодушен, и весельчак, а скучен. Нестерпимо скучен. Так же вот бывают люди, которые всегда говорят одни только умные и хорошие слова, но чувствуешь, что они тупые люди".

В следующие затем дни Андрей Ефимыч сказывался больным и не выходил из номера. Он лежал лицом к спинке дивана и томился, когда друг развлекал его разговорами, или же отдыхал, когда друг отсутствовал. Он досадовал на себя за то, что поехал, и на друга, который с каждым днем становился все болтливее и развязнее: настроить свои мысли на серьезный, возвышенный лад ему никак не удавалось.

"This is what I get from the real life Ivan Dmitritch talked about," he thought, angry at his own pettiness. "It's of no consequence, though... I shall go home, and everything will go on as before ..."

It was the same thing in Petersburg too; for whole days together he did not leave the hotel room, but lay on the sofa and only got up to drink beer.

Mihail Averyanitch was all haste to get to Warsaw.

"My dear man, what should I go there for?" said Andrey Yefimitch in an imploring voice. "You go alone and let me get home! I entreat you!"

"On no account," protested Mihail Averyanitch. "It's a marvellous town."

I've spent there five happiest years of my life!

"Это меня пробирает действительность, о которой говорил Иван Дмитрич, — думал он, сердясь на свою мелочность. — Впрочем, вздор... Приеду домой, и все пойдет по-старому..."

И в Петербурге то же самое: он по целым дням не выходил из номера, лежал на диване и вставал только затем, чтобы выпить пива.

Михаил Аверьяныч все время торопил ехать в Варшаву.

— Дорогой мой, зачем я туда поеду? — говорил Андреи Ефимыч умоляющим голосом. — Поезжайте одни, а мне позвольте ехать домой! Прошу вас!

— Ни под каким видом! — протестовал Михаил Аверьяныч. — Это изумительный город.

В нем я провел пять счастливейших лет моей жизни!

Andrey Yefimitch had not the strength of will to insist on his own way, and much against his inclination went to Warsaw. There he did not leave the hotel room, but lay on the sofa, furious with himself, with his friend, and with the waiters, who obstinately refused to understand Russian; while Mihail Averyanitch, healthy, hearty, and full of spirits as usual, went about the town from morning to night, looking for his old acquaintances. Several times he did not return home at night. After one night spent in some unknown haunt he returned home early in the morning, in a violently excited condition, with a red face and tousled hair. For a long time he walked up and down the rooms muttering something to himself, then stopped and said:

"Honour before everything."

After walking up and down a little longer he clutched his head in both hands and pronounced in a tragic voice:

"Yes, honour before everything! Accursed be the moment when the idea first entered my head to visit this Babylon! My dear friend," he added, addressing the doctor, "you may despise me, I have played and lost; lend me five hundred roubles!"

У Андрея Ефимыча не хватило характера настоять на своем, и он скрепя сердце поехал в Варшаву. Тут он не выходил из номера, лежал на диване и злился на себя, на друга и на лакеев, которые упорно отказывались понимать по-русски, а Михаил Аверьяныч, по обыкновению здоровый, бодрый и веселый, с утра до вечера гулял по городу и разыскивал своих старых знакомых. Несколько раз он не ночевал дома. После одной ночи, проведенной неизвестно где, он вернулся домой рано утром в сильно возбужденном состоянии, красный и непричесанный. Он долго ходил из угла в угол, что-то бормоча про себя, потом остановился и сказал:

— Честь прежде всего!

Походив еще немного, он схватил себя за голову и произнес трагическим голосом:

— Да, честь прежде всего! Будь проклята минута, когда мне впервые пришло в голову ехать в этот Вавилон! Дорогой мой, — обратился он к доктору, — презирайте меня: я проигрался! Дайте мне пятьсот рублей!

Andrey Yefimitch counted out five hundred roubles and gave them to his friend without a word. The latter, still crimson with shame and anger, incoherently articulated some useless vow, put on his cap, and went out. Returning two hours later he flopped into an easy-chair, heaved a loud sigh, and said:

"My honour is saved. Let us go, my friend; I do not care to remain another hour in this accursed town. Scoundrels! Austrian spies!"

By the time the friends were back in their own town it was November, and deep snow was lying in the streets. Dr. Hobotov had Andrey Yefimitch's post; he was still living in his old lodgings, waiting for Andrey Yefimitch to arrive and clear out of the hospital apartments. The plain woman whom he called his cook was already established in one of the lodges.

Fresh scandals about the hospital were going the round of the town. It was said that the plain woman had quarrelled with the superintendent, and that the latter had crawled on his knees before her begging forgiveness.

On the very first day he arrived Andrey Yefimitch had to look out for lodgings.

Андрей Ефимыч отсчитал пятьсот рублей и молча отдал их своему другу. Тот, все еще багровый от стыда и гнева, бессвязно произнес какую-то ненужную клятву, надел фуражку и вышел. Вернувшись часа через два, он повалился в кресло, громко вздохнул и сказал:

— Честь спасена! Едемте, мой друг! Ни одной минуты я не желаю остаться в этом проклятом городе. Мошенники! Австрийские шпионы!

Когда приятели вернулись в свой город, был уже ноябрь и на улицах лежал глубокий снег. Место Андрея Ефимыча занимал доктор Хоботов; он жил еще на старой квартире в ожидании, когда Андрей Ефимыч приедет и очистит больничную квартиру. Некрасивая женщина, которую он называл своею кухаркой, уже жила в одном из флигелей.

По городу ходили новые больничные сплетни. Говорили, что некрасивая женщина поссорилась со смотрителем и этот будто бы ползал перед нею на коленях, прося прощения.

Андрею Ефимычу в первый же день по приезде пришлось отыскивать себе квартиру.

"My friend," the postmaster said to him timidly, "excuse an indiscreet question: what means have you at your disposal?"

Andrey Yefimitch, without a word, counted out his money and said:

"Eighty-six roubles."

"I don't mean that," Mihail Averyanitch brought out in confusion, misunderstanding him; "I mean, what have you to live on?"

"I tell you, eighty-six roubles ... I have nothing else."

Mihail Averyanitch looked upon the doctor as an honourable man, yet he suspected that he had accumulated a fortune of at least twenty thousand. Now learning that Andrey Yefimitch was a beggar, that he had nothing to live on he was for some reason suddenly moved to tears and embraced his friend.

— Друг мой, — сказал ему робко почтмейстер, — извините за нескромный вопрос: какими средствами, вы располагаете?

Андрей Ефимыч молча сосчитал свои деньги и сказал:

— Восемьдесят шесть рублей.

— Я не о том спрашиваю, — проговорил в смущении Михаил Аверьяныч, не поняв доктора. — Я спрашиваю, какие у вас средства вообще?

— Я же и говорю вам: восемьдесят шесть рублей. Больше у меня ничего нет.

Михаил Аверьяныч считал доктора честным и благородным человеком, но все-таки подозревал, что у него есть капитал, по крайней мере, тысяч в двадцать. Теперь же, узнав, что Андрей Ефимыч нищий, что ему нечем жить, он почему-то вдруг заплакал и обнял своего друга.

XV

Andrey Yefimitch now lodged in a little house with three windows. There were only three rooms besides the kitchen in the little house. The doctor lived in two of them which looked into the street, while Daryushka and the landlady with her three children lived in the third room and the kitchen. Sometimes the landlady's lover, a drunken peasant who was rowdy and reduced the children and Daryushka to terror, would come for the night. When he arrived and established himself in the kitchen and demanded vodka, they all felt very uncomfortable, and the doctor would be moved by pity to take the crying children into his room and let them lie on his floor, and this gave him great satisfaction.

XV

Андрей Ефимыч жил в трехоконном домике мещанки Беловой. В этом домике было только три комнаты, не считая кухни. Две из них, с окнами на улицу, занимал доктор, а в третьей и в кухне жили Дарьюшка и мещанка с тремя детьми. Иногда к хозяйке приходил ночевать любовник, пьяный мужик, бушевавший по ночам и наводивший на детей и на Дарьюшку ужас. Когда он приходил и, усевшись на кухне, начинал требовать водки, всем становилось очень тесно, и доктор из жалости брал к себе плачущих детей, укладывал их у себя на полу, и это доставляло ему большое удовольствие.

He got up as before at eight o'clock, and after his morning tea sat down to read his old books and magazines: he had no money for new ones. Either because the books were old, or perhaps because of the change in his surroundings, reading exhausted him, and did not grip his attention as before. That he might not spend his time in idleness he made a detailed catalogue of his books and gummed little labels on their backs, and this mechanical, tedious work seemed to him more interesting than reading. The monotonous, tedious work lulled his thoughts to sleep in some unaccountable way, and the time passed quickly while he thought of nothing. Even sitting in the kitchen, peeling potatoes with Daryushka or picking over the buckwheat grain, seemed to him interesting. On Saturdays and Sundays he went to church. Standing near the wall and half closing his eyes, he listened to the singing and thought of his father, of his mother, of the university, of the religions of the world; he felt calm and melancholy, and as he went out of the church afterwards he regretted that the service was so soon over.

Вставал он по-прежнему в восемь часов и после чаю садился читать свои старые книги и журналы. На новые у него уже не было денег. Оттого ли, что книги были старые, или, быть может, от перемены обстановки, чтение уже не захватывало его глубоко и утомляло. Чтобы не проводить времени в праздности, он составлял подробный каталог своим книгам и приклеивал к их корешкам билетики, и эта механическая, кропотливая работа казалась ему интереснее, чем чтение. Однообразная кропотливая работа каким-то непонятным образом убаюкивала его мысли, он ни о чем не думал, и время проходило быстро. Даже сидеть в кухне и чистить с Дарьюшкой картофель или выбирать сор из гречневой крупы ему казалось интересно. По субботам и воскресеньям он ходил в церковь. Стоя около стены и зажмурив глаза, он слушал пение и думал об отце, о матери, об университете, о религиях; ему было покойно, грустно, и потом, уходя из церкви, он жалел, что служба так скоро кончилась.

He went twice to the hospital to talk to Ivan Dmitritch. But on both occasions Ivan Dmitritch was unusually excited and ill-humoured; he bade the doctor leave him in peace, as he had long been sick of empty chatter, and declared, to make up for all his sufferings, he asked from the damned scoundrels only one favour — solitary confinement. Surely they would not refuse him even that? On both occasions when Andrey Yefimitch was taking leave of him and wishing him good-night, he answered rudely and said:

"Go to hell!"

And Andrey Yefimitch did not know now whether to go to him for the third time or not. He longed to go.

Он два раза ходил в больницу к Ивану Дмитричу, чтобы поговорить с ним. Но в оба раза Иван Дмитрич был необыкновенно возбужден и зол; он просил оставить его в покое, так как ему давно уже надоела пустая болтовня, и говорил, что у проклятых подлых людей он за все страдания просит только одной награды — одиночного заключения. Неужели даже в этом ему отказывают? Когда Андрей Ефимыч прощался с ним в оба раза и желал покойной ночи, то он огрызался и говорил:

— К черту!

И Андрей Ефимыч не знал теперь, пойти ему в третий раз или нет. А пойти хотелось.

In old days Andrey Yefimitch used to walk about his rooms and think in the interval after dinner, but now from dinner-time till evening tea he lay on the sofa with his face to the back and gave himself up to trivial thoughts which he could not struggle against. He was mortified that after more than twenty years of service he had been given neither a pension nor any assistance. It is true that he had not done his work honestly, but, then, all who are in the Service get a pension without distinction whether they are honest or not. Contemporary justice lies precisely in the bestowal of grades, orders, and pensions, not for moral qualities or capacities, but for service whatever it may have been like. Why was he alone to be an exception? He had no money at all. He was ashamed to pass by the shop and look at the woman who owned it. He owed thirty-two roubles for beer already. There was money owing to the landlady Belova also. Daryushka sold old clothes and books on the sly, and told lies to the landlady, saying that the doctor was just going to receive a large sum of money.

Прежде в послеобеденное время Андрей Ефимыч ходил по комнатам и думал, теперь же он от обеда до вечернего чая лежал на диване лицом к стенке и предавался мелочным мыслям, которых никак не мог побороть. Ему было обидно, что за его больше чем двадцатилетнюю службу ему не дали ни пенсии, ни единовременного пособия. Правда, он служил не честно, но ведь пенсию получают все служащие без различия, честны они или нет. Современная справедливость и заключается именно в том, что чинами, орденами и пенсиями награждаются не нравственные качества и способности, а вообще служба, какая бы она ни была. Почему же он один должен составлять исключение? Денег у него совсем не было. Ему было стыдно проходить мимо лавочки и глядеть на хозяйку. За пиво должны уже тридцать два рубля. Мещанке Беловой тоже должны. Дарьюшка потихоньку продает старые платья и книги и лжет хозяйке, что скоро доктор получит очень много денег.

He was angry with himself for having wasted on travelling the thousand roubles he had saved up. How useful that thousand roubles would have been now! He was vexed that people would not leave him in peace. Hobotov thought it his duty to look in on his sick colleague from time to time. Everything about him was revolting to Andrey Yefimitch — his well-fed face and vulgar, condescending tone, and his use of the word "colleague," and his high top-boots; the most revolting thing was that he thought it was his duty to treat Andrey Yefimitch, and thought that he really was treating him. On every visit he brought a bottle of bromide and rhubarb pills.

Mihail Averyanitch, too, thought it his duty to visit his friend and entertain him. Every time he went in to Andrey Yefimitch with an affectation of ease, laughed constrainedly, and began assuring him that he was looking very well to-day, and that, thank God, he was on the highroad to recovery, and from this it might be concluded that he looked on his friend's condition as hopeless. He had not yet repaid his Warsaw debt, and was overwhelmed by shame; he was constrained, and so tried to laugh louder and talk more amusingly. His anecdotes and descriptions seemed endless now, and were an agony both to Andrey Yefimitch and himself.

Он сердился на себя за то, что истратил на путешествие тысячу рублей, которая у него была скоплена. Как бы теперь пригодилась эта тысяча! Ему было досадно, что его не оставляют в покое люди. Хоботов считал своим долгом изредка навещать больного коллегу. Все было в нем противно Андрею Ефимычу: и сытое лицо, и дурной, снисходительный тон, и слово "коллега", и высокие сапоги; самое же противное было то, что он считал своею обязанностью лечить Андрея Ефимыча и думал, что в самом деле лечит. В каждое свое посещение он приносил склянку с бромистым калием и пилюли из ревеня.

И Михаил Аверьяныч тоже считал своим долгом навещать друга и развлекать его. Всякий раз он входил к Андрею Ефимычу с напускною развязностью, принужденно хохотал и начинал уверять его, что он сегодня прекрасно выглядит и что дела, слава богу, идут на поправку, и из этого можно было заключить, что положение своего друга он считал безнадежным. Он не выплатил еще своего варшавского долга и был удручен тяжелым стыдом, был напряжен и потому старался хохотать громче и рассказывать смешнее. Его анекдоты и рассказы казались теперь бесконечными и были мучительны и для Андрея Ефимыча, и для него самого.

In his presence Andrey Yefimitch usually lay on the sofa with his face to the wall, and listened with his teeth clenched; his soul was oppressed with rankling disgust, and after every visit from his friend he felt as though this disgust had risen higher, and was mounting into his throat.

To stifle petty thoughts he made haste to reflect that he himself, and Hobotov, and Mihail Averyanitch, would all sooner or later perish without leaving any trace on the world. If one imagined some spirit flying by the earthly globe in space in a million years he would see nothing but clay and bare rocks. Everything — culture and the moral law — would pass away and not even a burdock would grow out of them. Of what consequence was shame in the presence of a shopkeeper, of what consequence was the insignificant Hobotov or the wearisome friendship of Mihail Averyanitch? It was all trivial and nonsensical.

But such reflections did not help him now. Scarcely had he imagined the earthly globe in a million years, when Hobotov in his high top-boots or Mihail Averyanitch with his forced laugh would appear from behind a bare rock, and he even heard the shamefaced whisper: "The Warsaw debt… I will repay it in a day or two, my dear fellow, without fail…"

В его присутствии Андрей Ефимыч ложился обыкновенно на диван лицом к стене и слушал, стиснув зубы; на душу его пластами ложилась накипь, и после каждого посещения друга он чувствовал, что накипь эта становится все выше и словно подходит к горлу.

Чтобы заглушить мелочные чувства, он спешил думать о том, что и он сам, и Хоботов, и Михаил Аверьяныч должны рано или поздно погибнуть, не оставив в природе даже отпечатка. Если вообразить, что через миллион лет мимо земного шара пролетит в пространстве какой-нибудь дух, то он увидит только глину и голые утесы. Все — и культура, и нравственный закон — пропадет и даже лопухом не порастет. Что же значат стыд перед лавочником, ничтожный Хоботов, тяжелая дружба Михаила Аверьяныча? Все это вздор и пустяки.

Но такие рассуждения уже не помогали. Едва он воображал земной шар через миллион лет, как из-за голого утеса показывался Хоботов в высоких сапогах или напряженно хохочущий Михаил Аверьяныч и даже слышался стыдливый шепот: "А варшавский долг, голубчик, возвращу на этих днях… Непременно".

XVI

XVI

One day Mihail Averyanitch came after dinner when Andrey Yefimitch was lying on the sofa. It so happened that Hobotov arrived at the same time with his bromide. Andrey Yefimitch got up heavily and sat down, leaning both arms on the sofa.

"You have a much better colour to-day than you had yesterday, my dear man," began Mihail Averyanitch. "Yes, you look jolly. Upon my soul, you do!"

"It's high time you were well, dear colleague," said Hobotov, yawning. "I'll be bound, you are sick of this bobbery."

"And we shall recover," said Mihail Averyanitch cheerfully. "We shall live another hundred years! To be sure!"

"Not a hundred years, but another twenty," Hobotov said reassuringly. "It's all right, all right, colleague; don't lose heart… Don't go piling it on!"

Однажды Михаил Аверьяныч пришел после обеда, когда Андрей Ефимыч лежал на диване. Случилось так, что в это же время явился и Хоботов с бромистым калием. Андрей Ефимыч тяжело поднялся, сел и уперся обеими руками о диван.

— А сегодня, дорогой мой, — начал Михаил Аверьяныч, — у вас цвет лица гораздо лучше, чем вчера. Да вы молодцом! Ей-богу, молодцом!

— Пора, пора поправляться, коллега, — сказал Хоботов, зевая. — Небось вам самим надоела эта канитель.

— И поправимся! — весело сказал Михаил Аверьяныч. — Еще лет сто жить будем! Так-тось!

— Сто не сто, а на двадцать еще хватит, — утешал Хоботов. — Ничего, ничего, коллега, не унывайте… Будет вам тень наводить.

"We'll show what we can do," laughed Mihail Averyanitch, and he slapped his friend on the knee. "We'll show them yet! Next summer, please God, we shall be off to the Caucasus, and we will ride all over it on horseback — trot, trot, trot! And when we are back from the Caucasus I shouldn't wonder if we will all dance at the wedding." Mihail Averyanitch gave a sly wink. "We'll marry you, my dear boy, we'll marry you…"

Andrey Yefimitch felt suddenly that the rising disgust had mounted to his throat, his heart began beating violently.

"That's vulgar," he said, getting up quickly and walking away to the window. "Don't you understand that you are talking vulgar nonsense?"

He meant to go on softly and politely, but against his will he suddenly clenched his fists and raised them above his head.

"Leave me alone," he shouted in a voice unlike his own, blushing crimson and shaking all over. "Go away, both of you!"

Mihail Averyanitch and Hobotov got up and stared at him first with amazement and then with alarm.

— Мы еще покажем себя! — захохотал Михаил Аверьяныч и похлопал друга по колену. — Мы еще покажем! Будущим летом, бог даст, махнем на Кавказ и весь его верхом объедем — гоп! гоп! гоп! А с Кавказа вернемся, гляди, чего доброго, на свадьбе гулять будем. — Михаил Аверьяпыч лукаво подмигнул глазом. — Женим вас, дружка милого… женим…

Андрей Ефимыч вдруг почувствовал, что накипь подходит к горлу; у него страшно забилось сердце.

— Это пошло! — сказал он, быстро вставая и отходя к окну. — Неужели вы не понимаете, что говорите пошлости?

Он хотел продолжать мягко и вежливо, но против воли вдруг сжал кулаки и поднял их выше головы.

— Оставьте меня! — крикнул он не своим голосом, багровея и дрожа всем телом. — Вон! Оба вон, оба!

Михаил Аверьяныч и Хоботов встали и уставились на него сначала с недоумением, потом со страхом.

"Go away, both!" Andrey Yefimitch went on shouting. "Stupid people! Foolish people! I don't want either your friendship or your medicines, stupid man! Vulgar! Nasty!"

Hobotov and Mihail Averyanitch, looking at each other in bewilderment, staggered to the door and went out. Andrey Yefimitch snatched up the bottle of bromide and flung it after them; the bottle broke with a crash on the door-frame.

"Go to the devil!" he shouted in a tearful voice, running out into the passage. "To the devil!"

When his guests were gone Andrey Yefimitch lay down on the sofa, trembling as though in a fever, and went on for a long while repeating:

"Stupid people! Foolish people!"

When he was calmer, what occurred to him first of all was the thought that poor Mihail Averyanitch must be feeling fearfully ashamed and depressed now, and that it was all dreadful. Nothing like this had ever happened to him before. Where was his intelligence and his tact? Where was his comprehension of things and his philosophical indifference?

— Оба вон! — продолжал кричать Андрей Ефимыч. — Тупые люди! Глупые люди! Не нужно мне ни дружбы, ни твоих лекарств, тупой человек! Пошлость! Гадость!

Хоботов и Михаил Аверьяныч, растерянно переглядываясь, попятились к двери и вышли в сени. Андрей Ефимыч схватил склянку с бромистым калием и швырнул им вслед; склянка со звоном разбилась о порог.

— Убирайтесь к черту! — крикнул он плачущим голосом, выбегая в сени. — К черту!

По уходе гостей Андрей Ефимыч, дрожа, как в лихорадке, лег на диван и долго еще повторял:

— Тупые люди! Глупые люди!

Когда он успокоился, то прежде всего ему пришло на мысль, что бедному Михаилу Аверьянычу теперь, должно быть, страшно стыдно и тяжело на душе и что все это ужасно. Никогда раньше не случалось ничего подобного. Где же ум и такт? Где уразумение вещей и философское равнодушие?

The doctor could not sleep all night for shame and vexation with himself, and at ten o'clock next morning he went to the post office and apologized to the postmaster.

"We won't think again of what has happened," Mihail Averyanitch, greatly touched, said with a sigh, warmly pressing his hand. "Let bygones be bygones. Lyubavkin," he suddenly shouted so loud that all the postmen and other persons present started, "hand a chair; and you wait," he shouted to a peasant woman who was stretching out a registered letter to him through the grating. "Don't you see that I am busy? We will not remember the past," he went on, affectionately addressing Andrey Yefimitch; "sit down, I beg you, my dear fellow."

For a minute he stroked his knees in silence, and then said:

Доктор всю ночь не мог уснуть от стыда и досады на себя, а утром, часов в десять, отправился в почтовую контору и извинился перед почтмейстером.

— Не будем вспоминать о том, что произошло, — сказал со вздохом растроганный Михаил Аверьяныч, крепко пожимая ему руку. — Кто старое помянет, тому глаз вон. Любавкин! — вдруг крикнул он так громко, что все почтальоны и посетители вздрогнули. — Подай стул. А ты подожди! — крикнул он бабе, которая сквозь решетку протягивала к нему заказное письмо. — Разве не видишь, что я занят? Не будем вспоминать старое, — продолжал он нежно, обращаясь к Андрею Ефимычу. — Садитесь, покорнейше прошу, мой дорогой.

Он минуту молча поглаживал себе колени и потом сказал:

"I have never had a thought of taking offence. Illness is no joke, I understand. Your attack frightened the doctor and me yesterday, and we had a long talk about you afterwards. My dear friend, why won't you treat your illness seriously? You can't go on like this … Excuse me speaking openly as a friend," whispered Mihail Averyanitch. "You live in the most unfavourable surroundings, in a crowd, in uncleanliness, no one to look after you, no money for proper treatment… My dear friend, the doctor and I implore you with all our hearts, listen to our advice: go into the hospital! There you will have wholesome food and attendance and treatment. Though, between ourselves, Yevgeny Fyodoritch is mauvais ton, yet he does understand his work, you can fully rely upon him. He has promised me he will look after you."

Andrey Yefimitch was touched by the postmaster's genuine sympathy and the tears which suddenly glittered on his cheeks.

"My honoured friend, don't believe it!" he whispered, laying his hand on his heart; "don't believe them. It's all a sham. My illness is only that in twenty years I have only found one intelligent man in the whole town, and he is mad. I am not ill at all, it's simply that I have got into an enchanted circle which there is no getting out of. I don't care; I am ready for anything."

— У меня и в мыслях не было обижаться на вас. Болезнь не свой брат, я понимаю. Ваш припадок испугал нас вчера с доктором, и мы долго потом говорили о вас. Дорогой мой, отчего вы не хотите серьезно заняться вашей болезнью? Разве можно так? Извините за дружескую откровенность, — зашептал Михаил Аверьяныч, — вы живете в самой неблагоприятной обстановке: теснота, нечистота, ухода за вами нет, лечиться не на что... Дорогой мой друг, умоляем вас вместе с доктором всем сердцем, послушайтесь нашего совета: ложитесь в больницу! Там и пища здоровая, и уход, и лечение. Евгений Федорович хотя и моветон, между нами говоря, но сведущий; на него вполне можно положиться. Он дал мне слово, что займется вами.

Андрей Ефимыч был тронут искренним участием и слезами, которые вдруг заблестели на щеках у почтмейстера.

— Уважаемый, не верьте! — зашептал он, прикладывая руку к сердцу. — Не верьте им! Это обман! Болезнь моя только в том, что за двадцать лет я нашел во всем городе одного только умного человека, да и тот сумасшедший. Болезни нет никакой, а просто я попал в заколдованный круг, из которого нет выхода. Мне все равно, я на все готов.

"Go into the hospital, my dear fellow."

"I don't care if it were into the pit."

"Give me your word, my dear man, that you will obey Yevgeny Fyodoritch in everything."

"Certainly I will give you my word. But I repeat, my honoured friend, I have got into an enchanted circle. Now everything, even the genuine sympathy of my friends, leads to the same thing — to my ruin. I am going to my ruin, and I have the manliness to recognize it."

"My dear fellow, you will recover."

"What's the use of saying that?" said Andrey Yefimitch, with irritation. "There are few men who at the end of their lives do not experience what I am experiencing now. When you are told that you have something such as diseased kidneys or enlarged heart, and you begin being treated for it, or are told you are mad or a criminal — that is, in fact, when people suddenly turn their attention to you — you may be sure you have got into an enchanted circle from which you will not escape. You will try to escape and make things worse. You had better give in, for no human efforts can save you. So it seems to me."

— Ложитесь в больницу, дорогой мой.

— Мне все равно, хоть в яму.

— Дайте, голубчик, слово, что вы будете слушаться во всем Евгения Федорыча.

— Извольте, даю слово. Но, повторяю, уважаемый, я попал в заколдованный круг. Теперь все, даже искреннее участие моих друзей, клонится к одному — к моей погибели. Я погибаю и имею мужество сознавать это.

— Голубчик, вы выздоровеете.

— К чему это говорить, — сказал Андрей Ефимыч с раздражением. — Редкий человек под конец жизни не испытывает того же, что я теперь. Когда вам скажут, что у вас что-нибудь вроде плохих почек и увеличенного сердца и вы станете лечиться, или скажут, что вы сумасшедший или преступник, то есть, одним словом, когда люди вдруг обратят на вас внимание, то знайте, что вы попали в заколдованный круг, из которого уже не выйдете. Будете стараться выйти и еще больше заблудитесь. Сдавайтесь, потому что никакие человеческие усилия уже не спасут вас. Так мне кажется.

Meanwhile the public was crowding at the grating. That he might not be in their way, Andrey Yefimitch got up and began to take leave. Mihail Averyanitch made him promise on his honour once more, and escorted him to the outer door.

Towards evening on the same day Hobotov, in his sheepskin and his high top-boots, suddenly made his appearance, and said to Andrey Yefimitch in a tone as though nothing had happened the day before:

"I have come on business, colleague. I have come to ask you whether you would not join me in a consultation. Eh?"

Thinking that Hobotov wanted to distract his mind with an outing, or perhaps really to enable him to earn something, Andrey Yefimitch put on his coat and hat, and went out with him into the street. He was glad of the opportunity to smooth over his fault of the previous day and to be reconciled, and in his heart thanked Hobotov, who did not even allude to yesterday's scene and was evidently sparing him. One would never have expected such delicacy from this uncultured man.

"Where is your invalid?" asked Andrey Yefimitch.

Между тем у решетки толпилась публика. Андрей Ефимыч, чтобы не мешать, встал и начал прощаться. Михаил Аверьяныч еще раз взял с него честное слово и проводил его до наружной двери.

В тот же день, перед вечером, к Андрею Ефимычу неожиданно явился Хоботов в полушубке и в высоких сапогах и сказал таким тоном, как будто вчера ничего не случилось:

— А я к вам по делу, коллега. Пришел приглашать вас: не хотите ли со мной на консилиум, а?

Думая, что Хоботов хочет развлечь его прогулкой или в самом деле дать ему заработать, Андрей Ефимыч оделся и вышел с ним на улицу. Он рад был случаю загладить вчерашнюю вину и помириться и в душе благодарил Хоботова, который даже не заикнулся о вчерашнем и, по-видимому, щадил его. От этого некультурного человека трудно было ожидать такой деликатности.

— А где ваш больной? — спросил Андрей Ефимыч.

"In the hospital... I have long wanted to show him to you. A very interesting case."

They went into the hospital yard, and going round the main building, turned towards the lodge where the mental cases were kept, and all this, for some reason, in silence. When they went into the lodge Nikita as usual jumped up and stood at attention.

"One of the patients here has a lung complication." Hobotov said in an undertone, going into the yard with Andrey Yefimitch. "You wait here, I'll be back directly. I am going for a stethoscope."

And he went away.

XVII

It was getting dusk. Ivan Dmitritch was lying on his bed with his face thrust unto his pillow; the paralytic was sitting motionless, crying quietly and moving his lips. The fat peasant and the former sorter were asleep. It was quiet.

Andrey Yefimitch sat down on Ivan Dmitritch's bed and waited. But half an hour passed, and instead of Hobotov, Nikita came into the ward with a dressing-gown, some underlinen, and a pair of slippers in a heap on his arm.

— У меня в больнице. Мне уж давно хотелось показать вам... Интереснейший случай.

Вошли в больничный двор и, обойдя главный корпус, направились к флигелю, где помещались умалишенные. И все это почему-то молча. Когда вошли во флигель, Никита, по обыкновению, вскочил и вытянулся.

— Тут у одного произошло осложнение со стороны легких, — сказал вполголоса Хоботов, входя с Андреем Ефимычем в палату. — Вы погодите здесь, а я сейчас. Схожу только за стетоскопом.

И вышел.

XVII

Уже смеркалось. Иван Дмитрич лежал на своей постели, уткнувшись лицом в подушку; паралитик сидел неподвижно, тихо плакал и шевелил губами. Толстый мужик и бывший сортировщик спали. Было тихо.

Андрей Ефимыч сидел на кровати Ивана Дмитрича и ждал. Но прошло с полчаса, и вместо Хоботова вошел в палату Никита, держа в охапке халат, чье-то белье и туфли.

"Please change your things, your honour," he said softly. "Here is your bed; come this way," he added, pointing to an empty bedstead which had obviously recently been brought into the ward. "It's all right; please God, you will recover."

Andrey Yefimitch understood it all. Without saying a word he crossed to the bed to which Nikita pointed and sat down; seeing that Nikita was standing waiting, he undressed entirely and he felt ashamed. Then he put on the hospital clothes; the drawers were very short, the shirt was long, and the dressing-gown smelt of smoked fish.

"Please God, you will recover," repeated Nikita,

and he gathered up Andrey Yefimitch's clothes into his arms, went out, and shut the door after him.

"No matter …" thought Andrey Yefimitch, wrapping himself in his dressing-gown in a shamefaced way and feeling that he looked like a convict in his new costume. "It's no matter… It does not matter whether it's a dress-coat or a uniform or this dressing-gown."

— Пожалуйте одеваться, ваше высокоблагородие, — сказал он тихо. — Вот ваша постелька, пожалуйте сюда, — добавил он, указывая на пустую, очевидно, недавно принесенную кровать. — Ничего, бог даст, выздоровеете.

Андрей Ефимыч все понял. Он, ни слова не говоря, перешел к кровати, на которую указал Никита, и сел; видя, что Никита стоит и ждет, он разделся догола, и ему стало стыдно. Потом он надел больничное платье; кальсоны были очень коротки, рубаха длинна, а от халата пахло копченою рыбой.

— Выздоровеете, бог даст, — повторил Никита.

Он забрал в охапку платье Андрея Ефимыча, вышел и затворил за собой дверь.

"Все равно… — думал Андрей Ефимыч, стыдливо запахиваясь в халат и чувствуя, что в своем новом костюме он похож на арестанта. — Все равно… Все равно, что фрак, что мундир, что этот халат…"

But how about his watch? And the notebook that was in the side-pocket? And his cigarettes? Where had Nikita taken his clothes? Now perhaps to the day of his death he would not put on trousers, a waistcoat, and high boots. It was all somehow strange and even incomprehensible at first. Andrey Yefimitch was even now convinced that there was no difference between his Belova's house and Ward No. 6, that everything in this world was nonsense and vanity of vanities. And yet his hands were trembling, his feet were cold, and he was filled with dread at the thought that soon Ivan Dmitritch would get up and see that he was in a dressing-gown. He got up and walked across the room and sat down again.

Here he had been sitting already half an hour, an hour, and he was miserably sick of it: was it really possible to live here a day, a week, and even years like these people? Why, he had been sitting here, had walked about and sat down again; he could get up and look out of window and walk from corner to corner again, and then what? Sit so all the time, like a post, and think? No, that was scarcely possible.

Andrey Yefimitch lay down, but at once got up, wiped the cold sweat from his brow with his sleeve and felt that his whole face smelt of smoked fish. He walked about again.

Но как же часы? А записная книжка, что в боковом кармане? А папиросы? Куда Никита унос платье? Теперь, пожалуй, до самой смерти уже не придется надевать брюк, жилета и сапогов. Все это как-то странно и даже непонятно в первое время. Андрей Ефимыч и теперь был убежден, что между домом мещанки Беловой и палатой N 6 нет никакой разницы, что все на этом свете вздор и суета сует, а между тем у него дрожали руки, ноги холодели и было жутко от мысли, что скоро Иван Дмитрич встанет и увидит, что он в халате. Он встал, прошелся и опять сел.

Вот он просидел уже полчаса, час, и ему надоело до тоски; неужели здесь можно прожить день, неделю и даже годы, как эти люди? Ну, вот он сидел, прошелся и опять сел; можно пойти и посмотреть в окно, и опять пройтись из угла в угол. А потом что? Так и сидеть все время, как истукан, и думать? Нет, это едва ли возможно.

Андрей Ефимыч лег, но тотчас же встал, вытер рукавом со лба холодный пот и почувствовал, что все лицо его запахло копченою рыбой. Он опять прошелся.

"It's some misunderstanding ..." he said, turning out the palms of his hands in perplexity. "It must be cleared up. There is a misunderstanding."

Meanwhile Ivan Dmitritch woke up; he sat up and propped his cheeks on his fists. He spat. Then he glanced lazily at the doctor, and apparently for the first minute did not understand; but soon his sleepy face grew malicious and mocking.

"Aha! so they have put you in here, too, old fellow?" he said in a voice husky from sleepiness, screwing up one eye. "Very glad to see you. You sucked the blood of others, and now they will suck yours. Excellent!"

"It's a misunderstanding ..." Andrey Yefimitch brought out, frightened by Ivan Dmitritch's words; he shrugged his shoulders and repeated: "It's some misunderstanding."

Ivan Dmitritch spat again and lay down.

— Это какое-то недоразумение... — проговорил он, разводя руками в недоумении. — Надо объясниться, тут недоразумение...

В это время проснулся Иван Дмитрич. Он сел и подпер щеки кулаками. Сплюнул. Потом он лениво взглянул на доктора и, по-видимому, в первую минуту ничего не понял; но скоро сонное лицо его стало злым и насмешливым.

— Ага, и вас засадили сюда, голубчик! — проговорил он сиплым спросонок голосом, зажмурив один глаз. — Очень рад. То вы пили из людей кровь, а теперь из вас будут пить. Превосходно!

— Это какое-то недоразумение, — проговорил Андрей Ефимыч, пугаясь слов Ивана Дмитрича; он пожал плечами и повторил: — Недоразумение какое-то...

Иван Дмитрич опять сплюнул и лег.

"Cursed life," he grumbled, "and what's bitter and insulting, this life will not end in compensation for our sufferings, it will not end with apotheosis as it would in an opera, but with death; peasants will come and drag one's dead body by the arms and the legs to the cellar. Ugh! Well, it does not matter... We shall have our good time in the other world... I shall come here as a ghost from the other world and frighten these reptiles. I'll turn their hair grey."

Moiseika returned, and, seeing the doctor, held out his hand.

"Give me one little kopeck," he said.

XVIII

Andrey Yefimitch walked away to the window and looked out into the open country. It was getting dark, and on the horizon to the right a cold crimson moon was mounting upwards. Not far from the hospital fence, not much more than two hundred yards away, stood a tall white house shut in by a stone wall. This was the prison.

"So this is real life," thought Andrey Yefimitch, and he felt frightened.

— Проклятая жизнь! — проворчал он. — И что горько и обидно, ведь эта жизнь кончится не наградой за страдания, не апофеозом, как в опере, а смертью; придут мужики и потащут мертвого за руки и за ноги в подвал. Брр! Ну ничего... Зато на том свете будет наш праздник... Я с того света буду являться сюда тенью и пугать этих гадин. Я их поседеть заставлю.

Вернулся Мойсейка и, увидев доктора, протянул руку.

— Дай копеечку! — сказал он.

XVIII

Андрей Ефимыч отошел к окну и посмотрел в поле. Уже становилось темно и на горизонте с правой стороны восходила холодная, багровая луна. Недалеко от больничного забора, в ста саженях, не больше, стоял высокий белый дом, обнесенный каменною стеной. Это была тюрьма.

"Вот она действительность!" — подумал Андрей Ефимыч, и ему стало страшно.

The moon and the prison, and the nails on the fence, and the far-away flames at the bone-charring factory were all terrible. Behind him there was the sound of a sigh. Andrey Yefimitch looked round and saw a man with glittering stars and orders on his breast, who was smiling and slyly winking. And this, too, seemed terrible.

Andrey Yefimitch assured himself that there was nothing special about the moon or the prison, that even sane persons wear orders, and that everything in time will decay and turn to earth, but he was suddenly overcome with desire; he clutched at the grating with both hands and shook it with all his might. The strong grating did not yield.

Then that it might not be so dreadful he went to Ivan Dmitritch's bed and sat down.

"I have lost heart, my dear fellow," he muttered, trembling and wiping away the cold sweat, "I have lost heart."

"You should be philosophical," said Ivan Dmitritch ironically.

Были страшны и луна, и тюрьма, и гвозди на заборе, и далекий пламень в костопальном заводе. Сзади послышался вздох. Андрей Ефимыч оглянулся и увидел человека с блестящими звездами и с орденами на груди, который улыбался и лукаво подмигивал глазом. И это показалось страшным.

Андрей Ефимыч уверял себя, что в луне и в тюрьме нет ничего особенного, что и психически здоровые люди носят ордена и что все со временем сгниет и обратится в глину, но отчаяние вдруг овладело им, он ухватился обеими руками за решетку и изо всей силы потряс ее. Крепкая решетка не поддалась.

Потом, чтобы не так было страшно, он пошел к постели Ивана Дмитрича и сел.

— Я пал духом, дорогой мой, — пробормотал он, дрожа и утирая холодный пот. — Пал духом.

— А вы пофилософствуйте, — сказал насмешливо Иван Дмитрич.

"My God, my God... Yes, yes... You were pleased to say once that there was no philosophy in Russia, but that all people, even the paltriest, talk philosophy. But you know the philosophizing of the paltriest does not harm anyone," said Andrey Yefimitch in a tone as if he wanted to cry and complain. "Why, then, that malignant laugh, my friend, and how can these paltry creatures help philosophizing if they are not satisfied? For an intelligent, educated man, made in God's image, proud and loving freedom, to have no alternative but to be a doctor in a filthy, stupid, wretched little town, and to spend his whole life among bottles, leeches, mustard plasters! Quackery, narrowness, vulgarity! Oh, my God!"

"You are talking nonsense. If you don't like being a doctor you should have gone in for being a statesman."

"I could not, I could not do anything. We are weak, my dear friend ... I used to be indifferent. I reasoned boldly and soundly, but at the first coarse touch of life upon me I have lost heart... Prostration... We are weak, we are poor creatures ... and you, too, my dear friend, you are intelligent, generous, you drew in good impulses with your mother's milk, but you had hardly entered upon life when you were exhausted and fell ill... Weak, weak!"

— Боже мой, боже мой... Да, да... Вы как-то изволили говорить, что в России нет философии, но философствуют все, даже мелюзга. Но ведь от философствования мелюзги никому нет вреда, — сказал Андрей Ефимыч таким тоном, как будто хотел заплакать и разжалобить. — Зачем же, дорогой мой, этот злорадный смех? И как не философствовать этой мелюзге, если она не удовлетворена? Умному, образованному, гордому, свободолюбивому человеку, подобию божию, нет другого выхода, как идти лекарем в грязный, глупый городишко, и всю жизнь банки, пиявки, горчишники! Шарлатанство, узкость, пошлость! О боже мой!

— Вы болтаете глупости. Если в лекаря противно, шли бы в министры.

— Никуда, никуда нельзя. Слабы мы, дорогой... Был я равнодушен, бодро и здраво рассуждал, а стоило только жизни грубо прикоснуться ко мне, как я пал духом... прострация... Слабы мы, дрянные мы... И вы тоже, дорогой мой. Вы умны, благородны, с молоком матери всосали благие порывы, но едва вступили в жизнь, как утомились и заболели... Слабы, слабы!

Andrey Yefimitch was all the while at the approach of evening tormented by another persistent sensation besides terror and the feeling of resentment. At last he realized that he was longing for a smoke and for beer.

"I am going out, my friend," he said. "I will tell them to bring a light; I can't put up with this… I am not equal to it…"

Andrey Yefimitch went to the door and opened it, but at once Nikita jumped up and barred his way.

"Where are you going? You can't, you can't!" he said. "It's bedtime."

"But I'm only going out for a minute to walk about the yard," said Andrey Yefimitch.

"You can't, you can't; it's forbidden. You know that yourself."

Nikita slammed the door and leant against it with his back.

"But what difference will it make to anyone if I do go out?" asked Andrey Yefimitch, shrugging his shoulders. "I don't understand. Nikita, I must go out!" he said in a trembling voice. "I must."

Что-то еще неотвязчивое, кроме страха и чувства обиды, томило Андрея Ефимыча все время с наступления вечера. Наконец он сообразил, что это ему хочется пива и куритъ.

— Я выйду отсюда, дорогой мой, — сказал он. — Скажу, чтобы сюда огня дали... Не могу так... не в состоянии...

Андрей Ефимыч пошел к двери и отворил ее, но тотчас же Никита вскочил и загородил ему дорогу.

— Куда вы? Нельзя, нельзя! — сказал он. — Пора спать!

— Но я только на минуту, по двору пройтись! — оторопел Андрей Ефимыч.

— Нельзя, нельзя, не приказано. Сами знаете.

Никита захлопнул дверь и прислонился к ней спиной.

— Но если я выйду отсюда, что кому сделается от этого? — спросил Андрей Ефимыч, пожимая плечами. — Не понимаю! Никита, я должен выйти! — сказал он дрогнувшим голосом. — Мне нужно!

"Don't be disorderly, it's not right," Nikita said peremptorily.

"This is beyond everything," Ivan Dmitritch cried suddenly, and he jumped up. "What right has he not to let you out? How dare they keep us here? I believe it is clearly laid down in the law that no one can be deprived of freedom without trial! It's an outrage! It's tyranny!"

"Of course it's tyranny," said Andrey Yefimitch, encouraged by Ivan Dmitritch's outburst. "I must go out, I want to. He has no right! Open, I tell you."

"Do you hear, you dull-witted brute?" cried Ivan Dmitritch, and he banged on the door with his fist. "Open the door, or I will break it open! Torturer!"

"Open the door," cried Andrey Yefimitch, trembling all over; "I insist!"

"Talk away!" Nikita answered through the door, "talk away…"

"Anyhow, go and call Yevgeny Fyodoritch! Say that I beg him to come for a minute!"

"His honour will come of himself to-morrow."

— Не заводите беспорядков, нехорошо! — сказал наставительно Никита.

— Это черт знает что такое! — вскрикнул вдруг Иван Дмитрич и вскочил. — Какое он имеет право не пускать? Как они смеют держать нас здесь? В законе, кажется, ясно сказано, что никто не может быть лишен свободы без суда! Это насилие! Произвол!

— Конечно, произвол! — сказал Андрей Ефимыч, подбодряемый криком Ивана Дмитрича. — Мне нужно, я должен выйти. Он не имеет права! Отпусти, тебе говорят!

— Слышишь, тупая скотина? — крикнул Иван Дмитрич и постучал кулаком в дверь. — Отвори, а то я дверь выломаю! Живодер!

— Отвори! — крикнул Андрей Ефимыч, дрожа всем телом. — Я требую!

— Поговори еще! — ответил за дверью Никита. — Поговори!

— По крайней мере, поди позови сюда Евгения Федорыча! Скажи, что я прошу его пожаловать... на минуту!

— Завтра они сами придут.

"They will never let us out," Ivan Dmitritch was going on meanwhile. "They will leave us to rot here! Oh, Lord, can there really be no hell in the next world, and will these wretches be forgiven? Where is justice? Open the door, you wretch! I am choking!" he cried in a hoarse voice, and flung himself upon the door. "I'll dash out my brains, murderers!"

Nikita opened the door quickly, and roughly with both his hands and his knee shoved Andrey Yefimitch back, then swung his arm and punched him in the face with his fist. It seemed to Andrey Yefimitch as though a huge salt wave enveloped him from his head downwards and dragged him to the bed; there really was a salt taste in his mouth: most likely the blood was running from his teeth. He waved his arms as though he were trying to swim out and clutched at a bedstead, and at the same moment felt Nikita hit him twice on the back.

Ivan Dmitritch gave a loud scream. He must have been beaten too.

— Никогда нас не выпустят! — продолжал между тем Иван Дмитрич. — Сгноят нас здесь! О господи, неужели же в самом деле на том свете нет ада и эти негодяи будут прощены? Где же справедливость? Отвори, негодяй, я задыхаюсь! — крикнул он сиплым голосом и навалился на дверь. — Я размозжу себе голову! Убийцы!

Никита быстро отворил дверь, грубо, обеими руками и коленом отпихнул Андрея Ефимыча, потом размахнулся и ударил его кулаком по лицу. Андрею Ефимычу показалось, что громадная соленая волна накрыла его с головой и потащила к кровати; в самом деле, во рту было солоно: вероятно, из зубов пошла кровь. Он, точно желая выплыть, замахал руками и ухватился за чью-то кровать, и в это время почувствовал, что Никита два раза ударил его в спину.

Громко вскрикнул Иван Дмитрич. Должно быть, и его били.

Then all was still, the faint moonlight came through the grating, and a shadow like a net lay on the floor. It was terrible. Andrey Yefimitch lay and held his breath: he was expecting with horror to be struck again. He felt as though someone had taken a sickle, thrust it into him, and turned it round several times in his breast and bowels. He bit the pillow from pain and clenched his teeth, and all at once through the chaos in his brain there flashed the terrible unbearable thought that these people, who seemed now like black shadows in the moonlight, had to endure such pain day by day for years. How could it have happened that for more than twenty years he had not known it and had refused to know it? He knew nothing of pain, had no conception of it, so he was not to blame, but his conscience, as inexorable and as rough as Nikita, made him turn cold from the crown of his head to his heels. He leaped up, tried to cry out with all his might, and to run in haste to kill Nikita, and then Hobotov, the superintendent and the assistant, and then himself; but no sound came from his chest, and his legs would not obey him. Gasping for breath, he tore at the dressing-gown and the shirt on his breast, rent them, and fell senseless on the bed.

Затем все стихло. Жидкий лунный свет шел сквозь решетки, и на полу лежала тень, похожая на сеть. Было страшно. Андрей Ефимыч лег и притаил дыхание; он с ужасом ждал, что его ударят еще раз. Точно кто взял серп, воткнул в него и несколько раз повернул в груди и в кишках. От боли он укусил подушку и стиснул зубы, и вдруг в голове его, среди хаоса, ясно мелькнула страшная, невыносимая мысль, что такую же точно боль должны были испытывать годами, изо дня в день эти люди, казавшиеся теперь при лунном свете черными тенями. Как могло случиться, что в продолжение больше чем двадцати лет он не знал и не хотел знать этого? Он не знал, не имел понятия о боли, значит, он не виноват, но совесть, такая же несговорчивая и грубая, как Никита, заставила его похолодеть от затылка до пят. Он вскочил, хотел крикнуть изо всех сил и бежать скорее, чтоб убить Никиту, потом Хоботова, смотрителя и фельдшера, потом себя, но из груди не вышло ни одною звука и ноги не повиновались; задыхаясь, он рванул на груди халат и рубаху, порвал и без чувств повалился на кровать.

Next morning his head ached, there was a droning in his ears and a feeling of utter weakness all over. He was not ashamed at recalling his weakness the day before. He had been cowardly, had even been afraid of the moon, had openly expressed thoughts and feelings such as he had not expected in himself before; for instance, the thought that the paltry people who philosophized were really dissatisfied. But now nothing mattered to him.

He ate nothing; he drank nothing. He lay motionless and silent.

"It is all the same to me," he thought when they asked him questions. "I am not going to answer… It's all the same to me."

After dinner Mihail Averyanitch brought him a quarter pound of tea and a pound of fruit pastilles. Daryushka came too and stood for a whole hour by the bed with an expression of dull grief on her face. Dr. Hobotov visited him. He brought a bottle of bromide and told Nikita to fumigate the ward with something.

Утром на другой день у него болела голова, гудело в ушах и во всем теле чувствовалось недомогание. Вспоминать о вчерашней своей слабости ему не было стыдно. Он был вчера малодушен, боялся даже луны, искренно высказывал чувства и мысли, каких раньше и не подозревал у себя. Например, мысли о неудовлетворенности философствующей мелюзги. Но теперь ему было все равно.

Он не ел, не пил, лежал неподвижно и молчал.

"Мне все равно, — думал он, когда ему задавали вопросы. — Отвечать не стану... Мне все равно".

После обеда пришел Михаил Аверьяныч и принес четвертку чаю и фунт мармеладу. Дарьюшка тоже приходила и целый час стояла около кровати с выражением тупой скорби на лице. Посетил его и доктор Хоботов. Он принес склянку с бромистым калием и приказал Никите покурить в палате чем-нибудь.

Towards evening Andrey Yefimitch died of an apoplectic stroke. At first he had a violent shivering fit and a feeling of sickness; something revolting as it seemed, penetrating through his whole body, even to his finger-tips, strained from his stomach to his head and flooded his eyes and ears. There was a greenness before his eyes. Andrey Yefimitch understood that his end had come, and remembered that Ivan Dmitritch, Mihail Averyanitch, and millions of people believed in immortality. And what if it really existed? But he did not want immortality — and he thought of it only for one instant. A herd of deer, extraordinarily beautiful and graceful, of which he had been reading the day before, ran by him; then a peasant woman stretched out her hand to him with a registered letter … Mihail Averyanitch said something, then it all vanished, and Andrey Yefimitch sank into oblivion for ever.

The hospital porters came, took him by his arms and legs, and carried him away to the chapel.

There he lay on the table, with open eyes, and the moon shed its light upon him at night. In the morning Sergey Sergeyitch came, prayed piously before the crucifix, and closed his former chief's eyes.

Next day Andrey Yefimitch was buried. Mihail Averyanitch and Daryushka were the only people at the funeral.

Под вечер Андрей Ефимыч умер от апоплексического удара. Сначала он почувствовал потрясающий озноб и тошноту; что-то отвратительное, как казалось, проникая во все тело, даже в пальцы, потянуло от желудка к голове и залило глаза и уши. Поледенело в глазах. Андрей Ефимыч понял, что ему пришел конец, и вспомнил, что Иван Дмитрич, Михаил Аверьяныч и миллионы людей верят в бессмертие. А вдруг оно есть? Но бессмертия ему не хотелось, и он думал о нем только одно мгновение. Стадо оленей, необыкновенно красивых и грациозных, о которых он читал вчера, пробежало мимо него; потом баба протянула к нему руку с заказным письмом... Сказал что-то Михаил Аверьяныч. Потом все исчезло, и Андрей Ефимыч забылся навеки.

Пришли мужики, взяли его за руки и за ноги и отнесли в часовню.

Там он лежал на столе с открытыми глазами, и луна ночью освещала его. Утром пришел Сергей Сергеич, набожно помолился на распятие и закрыл своему бывшему начальнику глаза.

Через день Андрея Ефимыча хоронили. На похоронах были только Михаил Аверьяныч и Дарьюшка.

Made in the USA
Las Vegas, NV
26 August 2021

28946612R00069